Martin Kippenberger
METRO-*Net*

Museum der bildenden Künste Leipzig

METRO-NET

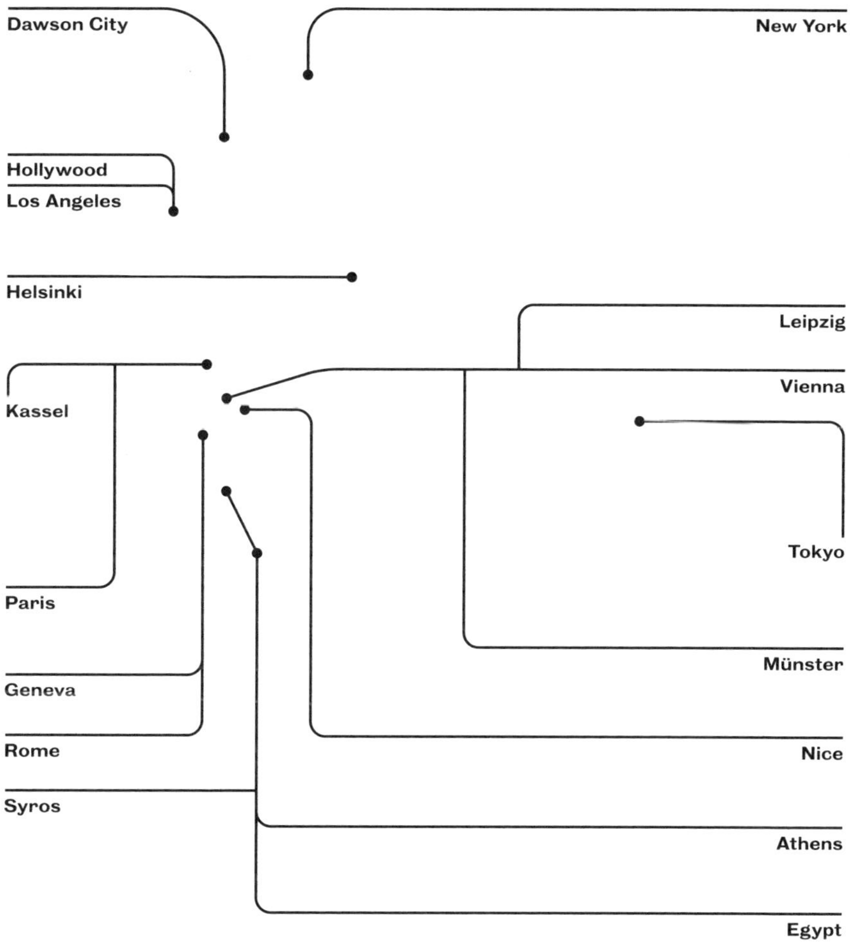

Katalog
Martin Kippenberger
METRO-*Net*

Von
Marcus Andrew Hurttig

Anlässlich der Ausstellung im
Museum der bildenden Künste Leipzig
20.5.–15.8.2021

Erschienen bei
Spector Books

Mit freundlicher Unterstützung der
Kulturstiftung des Freistaates Sachsen und der Rudolf-August Oetker-Stiftung

Martin Kippenberger, der 1997 mit nur 44 Jahren in Wien verstarb, gehört, wie es sich im historischen Rückblick nun unverkennbar zeigt, zu den wichtigsten und innovationsfreudigsten Künstlerinnen und Künstlern der 1980er und 1990er Jahre. Er selbst inszenierte sich gerne als Enfant terrible und Partyschreck der deutschen Kunstszene. Zugleich war er aber auch ein Künstler, der mit romantischer Veranlagung die Stille und Einsamkeit als kreatives Stimulans benötigte. Sein Lebenswerk wurde seit seinem Tod in zahlreichen Ausstellungen an bedeutenden Museen weltweit gewürdigt. Im Freistaat Sachsen hat eine vergleichbare institutionelle Anerkennung bislang noch nicht stattgefunden. Vor diesem Hintergrund schätzt sich das Museum der bildenden Künste Leipzig überaus glücklich, dass es eine Ausstellung über Kippenbergers METRO-*Net*-Projekt, das zu den zentralen Werkkomplexen in seinem Spätschaffen zählt, realisieren konnte. Grund hierfür ist der Umstand, dass die letzte noch zu Lebzeiten des Künstlers errichtete Metrostation sich auf dem neuen Messegelände in Leipzig befindet, wo sie zunehmend der Vergessenheit anheimfällt.

Die Leipziger Metrostation wurde am 30. Mai 1997 offiziell eröffnet und an das U-Bahn-Netz des Künstlers angeschlossen. Zu diesem Zeitpunkt waren bereits U-Bahn-Eingänge auf der griechischen Insel Syros (Eröffnung: 1993) und im kanadischen Dawson City (Eröffnung: 1995) in Betrieb genommen; hinzukamen 1997 die Präsentationen eines Lüftungsschachtes während der Skulptur Projekte Münster und eines transportablen U-Bahn-Einganges während der documenta X in Kassel. METRO-*Net* hatte seine größte

Ausdehnung kurz nach dem Tod Kippenbergers. Es war und ist ein Transportmittel für Reisen in der Imagination. Tunnelröhren gibt es nicht und auch keine fahrenden U-Bahnen. Die Metrostationen, die sich in Europa und Nordamerika befinden, sind – brutal gesprochen – funktionslose Attrappen und von Kippenberger entsprechend als „unsinnige Bauvorhaben“ klassifiziert worden. Dennoch können sie sich in ein funktionierendes Transportsystem für Pendler und Schwarzfahrer mit geistigen Reisezielen verwandeln. Es hängt vollständig von der Spielbereitschaft der Betrachterin und des Betrachters ab, ob sie nur Skulpturen wahrnehmen wollen, die konventionelle U-Bahn-Eingänge oder Lüftungsschächte imitieren. Sobald man es als Transportmittel für „Kopfreisende“ (*ZEITmagazin*) akzeptiert – ernst nimmt – kann METRO-*Net* seine vollständige Wirkmacht als Kunstwerk entfalten.

Es ist ein zutiefst romantischer Gedanke, den Kippenberger mit diesem künstlerischen Projekt verfolgte. Er stellte ein skulpturales Hilfsmittel zur Verfügung, um die Welt auf poetische Weise zu bereisen. Novalis’ berühmtes Postulat von der „Romantisierung der Welt“ schwingt mit, insofern Kippenberger ganz im Sinne dieses Dichters die Kunst als einen grenzenlosen Freiheitsraum für die Fantasie verstand, die sich in konstruktiver Opposition zu gesellschaftlichen Leitsystemen wie Politik und Wirtschaft nicht über Kriterien wie Effizienz, Nutzen und Sinn bemessen lässt. Die Angst vor den entfesselten Kräften der Fantasie, die wenn die Vernunft schläft, Dämonen und Ungeheuer entstehen lässt, wie von Francisco de Goya in seiner berühmten Aquatinta-Radierung in Vollkommenheit dargestellt, schien bei Kippenberger nicht vorhanden zu sein. Ihn befiel keine melancholische Passivität, die das Konzept von METRO-*Net* als etwas unvernünftig Utopisches im Denkraum des Künstlers eingehegt hätte. Er realisierte die sinnfreie Idee, ungeachtet aller logischen Widersprüche, mit der nötigen kindlichen Begeisterung. Nicht ohne Grund hieß einer seiner Wahlsprüche „heute denken, morgen fertig".

24 Jahre nach der Eröffnung des Leipziger U-Bahn-Eingangs besitzt Kippenbergers METRO-*Net*-Projekt angesichts der zurückliegenden Monate in der Corona-Pandemie eine unerwartete tagespolitische Aktualität. 2020 musste erstmals das Grundrecht auf körperliche Bewegungsfreiheit zugunsten der körperlichen Unversehrtheit zurückgesetzt werden. Die „sinnfreien" Metro-Stationen bekommen vor dem Hintergrund der Einschränkungen der Bewegungsfreiheit, die in manchen Bundesländern einen Radius von nicht mehr als 15 Kilometer zuließen, und der vom Auswärtigen Amt ausgesprochenen Reisewarnungen bis hin zu Reiseverboten einen ganz neuen Stellenwert. Ob nun mittels Büchern, Fernsehserien oder Computerspielen – das Reisen in der Imagination hat zweifellos Konjunktur. Und wer mit METRO-*Net* reist, kann sich noch einer weiteren Sache mehr als sicher sein: Ticketkontrollen sind so gut wie ausgeschlossen.

Zum Abschluss sei Dank ausgesprochen. Die Ausstellung *Martin Kippenberger. METRO-Net* und der begleitende Katalog wären ohne die großzügige Unterstützung der Rudolf-August Oetker-Stiftung und der Kulturstiftung des Freistaates Sachsen nicht in Ansätzen realisierbar gewesen. Diesen für die Kulturlandschaft so wichtigen Stiftungen, die das Museum der bildenden Künste Leipzig bereits bei zahlreichen Ausstellungsprojekten gefördert haben und dies hoffentlich auch zukünftig werden, gilt in erster Linie unser Dank, insbesondere der Geschäftsführerin Monika Bachtler (Rudolf-August Oetker-Stiftung) und dem Direktor Manuel Frey (Kulturstiftung des Freistaates Sachsen), die dieses Ausstellungsvorhaben von Anfang an mit ihrem Vertrauen und Engagement begleitet haben.

Die Ausstellung umfasst mehr als 100 Leihgaben, bestehend aus Zeichnungen, Fotografien, Bauzeichnungen, darunter Bekanntes und weniger Bekanntes zum Thema METRO-*Net*, außerdem eine große Auswahl an Künstlerplakaten Kippenbergers aus dem Zeitraum 1977 bis 1997. Dass diese zahlreichen Werke für eine kurze Zeit im Museum der bildenden Künste zu einem einzigartigen Werkensemble zusammengeführt werden konnten, haben Museen, Privatsammlungen und insbesondere als Hauptleihgeber Estate of Martin Kippenberger, Galerie Gisela Capitain, Köln, und die Herbert Foundation, Ghent, ermöglicht. Für ihre großzügigen Leihgaben, deren Zusagen trotz mehrmaliger coronabedingter Verschiebung der Ausstellung zu keinem Zeitpunkt gefährdet waren, möchten wir uns herzlich bedanken. Ein besonderer Dank geht auch an die Galerie für Zeitgenössische Kunst Leipzig – namentlich an deren Direktorin Franciska Zólyom –, die sämtliche in ihrem Besitz befindlichen Zeichnungen von Kippenberger zur Verfügung gestellt hat. Lena Ipsen und Lisa Franzen vom Estate of Martin Kippenberger haben die notwendigen wissenschaftlichen Recherchen mit Rat und Tat unterstützt. Nicht zu vergessen die zahlreichen Wegbegleiter Kippenbergers, die ihr Zeitzeugen-Wissen um das METRO-*Net*-Projekt auskunftsfreudig mitgeteilt haben:

Ihnen allen sei unser ausdrücklicher Dank ebenfalls ausgesprochen. Zuletzt gilt unser größter Dank allen Mitarbeiterinnen und Mitarbeitern des Museums der bildenden Künste. Sie haben durch ihren leidenschaftlichen Einsatz wieder einmal Großartiges geleistet.

Stefan Weppelmann
Direktor
MdbK Leipzig

Marcus Andrew Hurttig
Kurator moderne
und zeitgenössische Kunst

SYROS

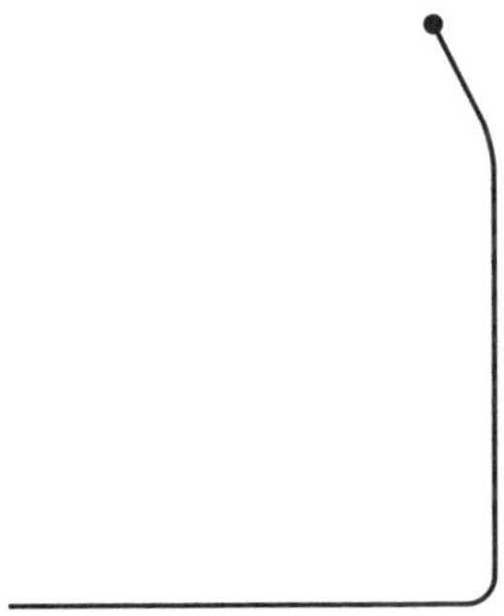

Daten
Eröffnung:
9. September 1993

Planungsbeginn:
April 1992

Baubeginn:
nach August 1992

Entwurf
Michel Würthle,
Reinald Nohal

Material
Beton, Eisen

Standort
in situ

Maße
Bauwerk ca.:
380 cm (hoch)
[330 cm unter
und 50 cm über
der Erde] ×
1380 cm (breit) ×
280 cm (tief)

Geländer ca.:
98 cm (hoch) ×
317 cm (breit) ×
254 cm (tief)

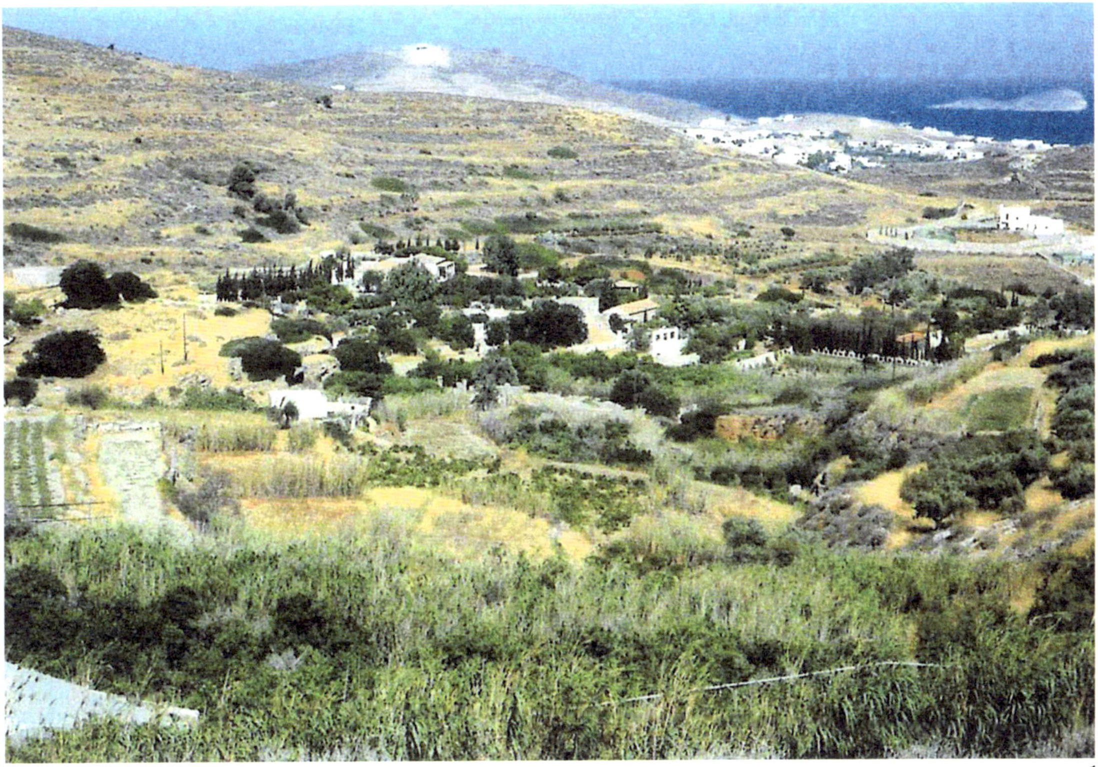

1

13 Eine bestehende Möglichkeit die Geschichte zu Martin Kippenbergers METRO-*Net* beginnen zu lassen, ist zweifellos der 50. Geburtstag seines Freundes Michel Würthle im September 1993. Würthle, selbst Künstler und seit spätestens Ende der 1970er Jahre einer der engsten Wegbegleiter und Förderer Kippenbergers, lud nicht in die Paris Bar in Berlin ein, die er zusammen mit seinem Geschäftspartner Reinald Nohal 1979 gegründet hatte, sondern auf sein Anwesen in Hrousa – einem Dorf auf der griechischen Kykladeninsel Syros.

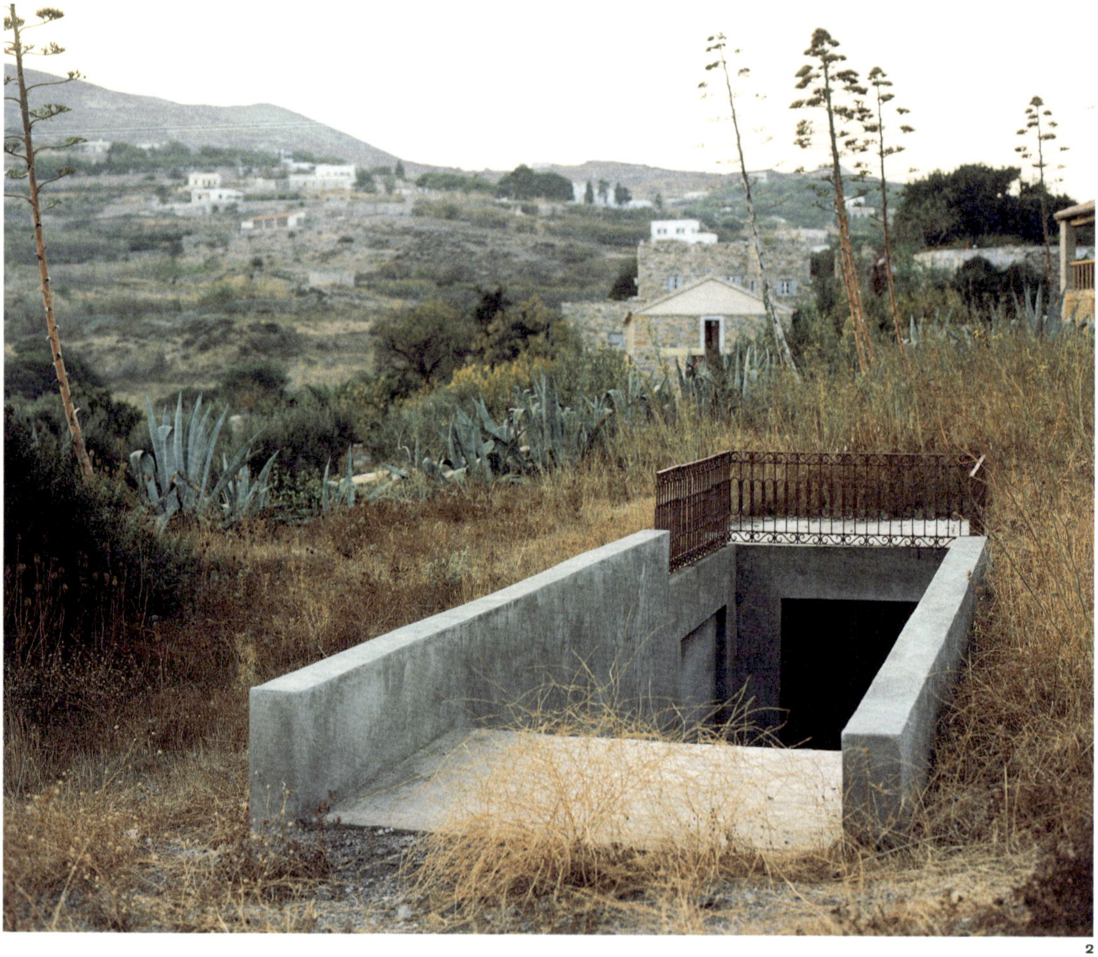

2

Abb. 1
Ansicht von Syros, 1993

Abb. 2
Elfie Semotan: Metrostation Syros, 1993

Abb. 3
Michel Würthle und Martin Kippenberger, 1993

Abb. 4
Einladungskarte zum 50. Geburtstag von Michel Würthle, 1993

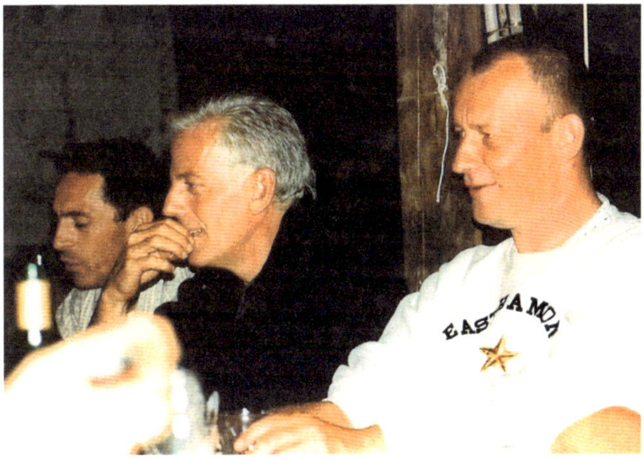

3

KTHMA CANNÉ, HROUSA

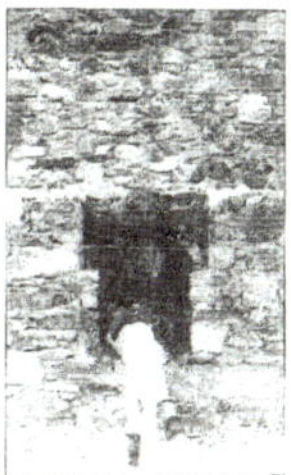

EINLADUNG
ZUM
50. GEBURTSTAG
VON
MICHEL
6. BIS 9. SEPTEMBER 1993

INSEL SYROS
KYKLADEN
GRIECHENLAND

PROGRAMM 6.–9. SEPTEMBER 1993

Die Gäste sind in den Hotels DOMENICA und KAMELO untergebracht. Diese beiden Hotels befinden sich in der Bucht von VARI. Die Zimmer werden für Sie reserviert.

MONTAG 6. SEPTEMBER
19.30 Abfahrt vom Hotel
zum KTHMA CANNÉ
Eröffnung der Austellung
Walter Pichler
21.00 Abendessen
24.00 Geburtagsfeier

DIENSTAG 7. SEPTEMBER
19.00 Gemeinsamer Spaziergang
von VARI nach HROUSA
21.00 Abendessen

MITTWOCH 8. SEPTEMBER
10.00–16.00 Tagesausflug nach DELOS
falls wir uns frisch genug fühlen
21.00 Abendessen in VARI
Taverna GEORGIOS

DONNERSTAG 9. SEPTEMBER
19.30 Abfahrt vom Hotel
zum KTHMA CANNÉ
Eröffnung der METROSTATION
von Martin Kippenberger
mit dem anschließenden
Geheimprogramm

MICHEL und **KATERINA WÜRTHLE**

haben die Freude und
geben sich die Ehre

zu einem mehrtägigen, milden
Geburtstagsfest in ihr Haus,
KTHMA CANNÉ in HROUSA auf der
Insel SYROS einzuladen.
Zu diesem Anlaß wird die von
Walter Pichler erbaute

HALLE MIT BRUNNENSKULPTUR

eröffnet.

Um Antwort bis zum 15. August 1993 wird gebeten

Michel Würthle	Katerina Würthle
c/o PARIS BAR	KTHMA CANNÉ, HROUSA
Kantstraße 152	Syros, Cyclades
10623 Berlin	Greece
3 13 80 52	(0 03 02 81) 6 15 89

Sie nehmen einen rechtzeitigen Flieger nach Athen und schmeißen dort nicht die Nerven weg sondern fliegen mit Olympic (unbedingt vorher buchen) weiter nach Syros oder Sie fahren nach Piraeus und nehmen dort einen Dampfer (späteste Abfahrt 6. 9. 93, 8 Uhr früh), beispielsweise Naias II oder Panagia Tinou oder Gergios Express. Einmal in Syros angekommen, können wir uns fast nicht mehr verfehlen, wenn Sie ein Taxi nach Vari nehmen, ins Hotel DOMENICA oder KAMELO einchecken, kurz durchatmen und dann zur Geburtstagsfeier abgeholt werden. Kaló Taxidi.

Hotel DOMENICA in Vari
02 81-6 12 16

Hotel KAMELO in Vari
02 81-6 12 17

Olympic Airways Agent in Syros
02 81-8 62 44

4

15 Die mehrtägigen Festaktivitäten erstreckten sich vom 6. bis 10. September. Am ersten Tag wurden eine Brunnenskulptur und eine Halle des österreichischen Künstlers Walter Pichler eingeweiht, in der auch das große Geburtstagsdinner stattfand.[1] Am 10. September konnten die Geburtstagsgäste der feierlichen Eröffnung des Museums of Modern Art Syros, abgekürzt MOMAS in Anlehnung an das große Vorbild in New York, beiwohnen, dessen Gründungsdirektor Kippenberger war.

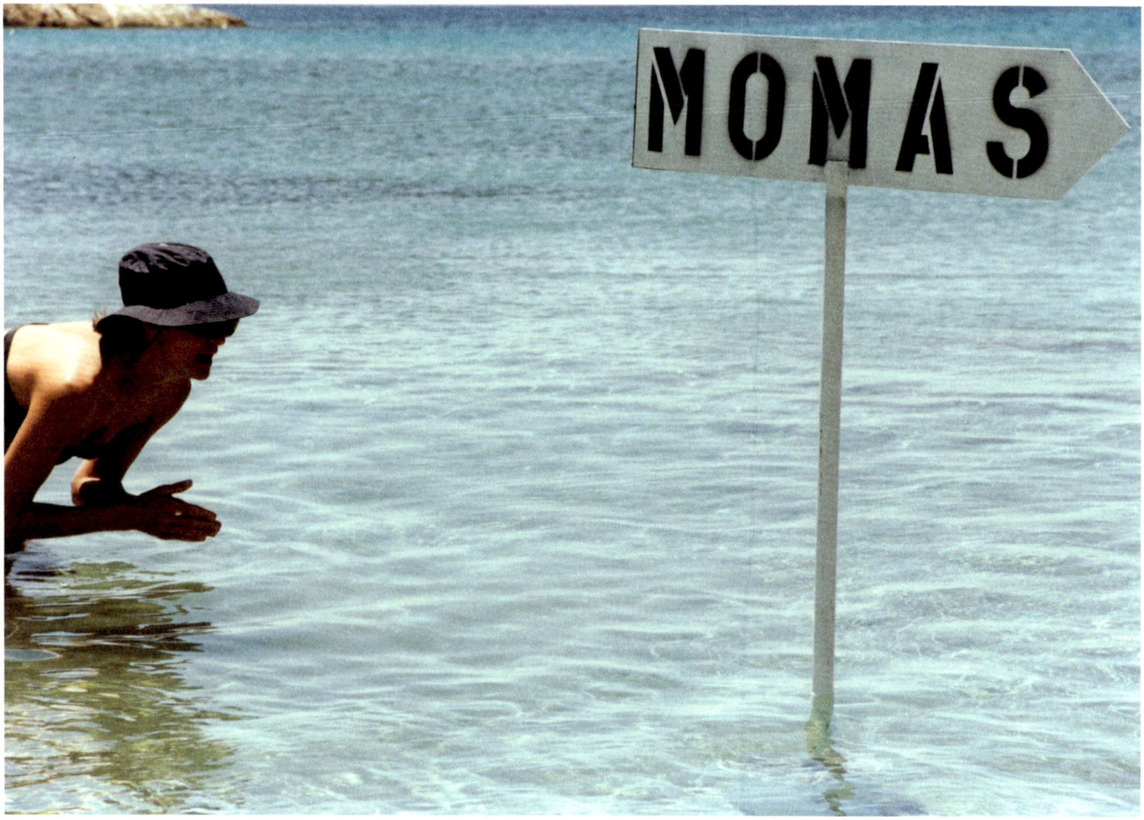

5

Abb. 5
Christopher Wool: MOMAS-Wegweiser, 1994

Abb. 6
Elfie Semotan: Museum of Modern Art Syros (MOMAS), 1996

Abb. 7
Lukas Baumewerd: Museum of Modern Art Syros (MOMAS), 1993/94

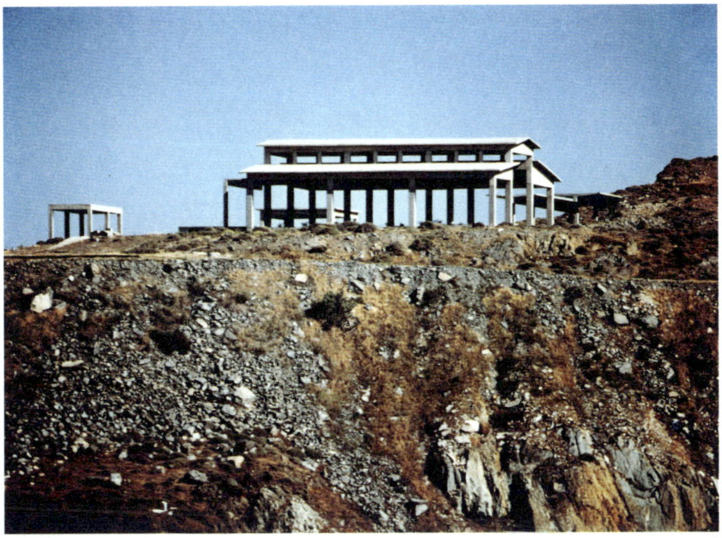

6

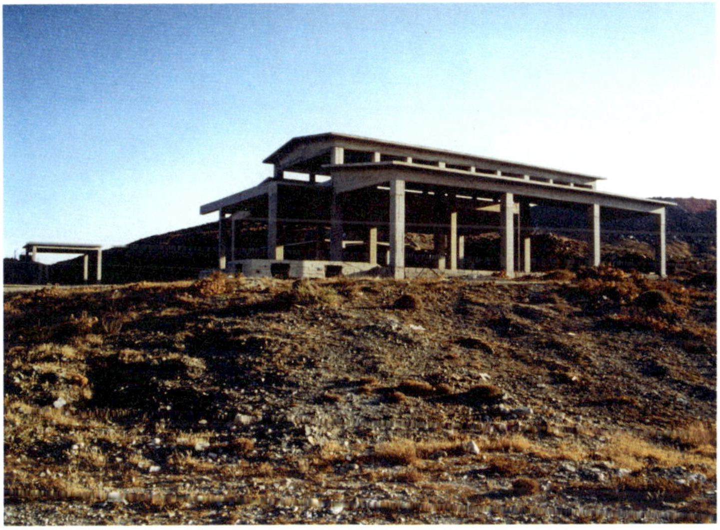

7

17 Hierbei handelt es sich um den Rohbau eines Schlachthauses, der, in unmittelbarer Nähe des Inselflughafens gelegen, mit seinen freistehenden Pfeilern und Dreiecksgiebeln unfreiwillig an einen antiken Tempel erinnert und wohl auch aus diesem Grunde Kippenbergers Interesse erregt haben musste.

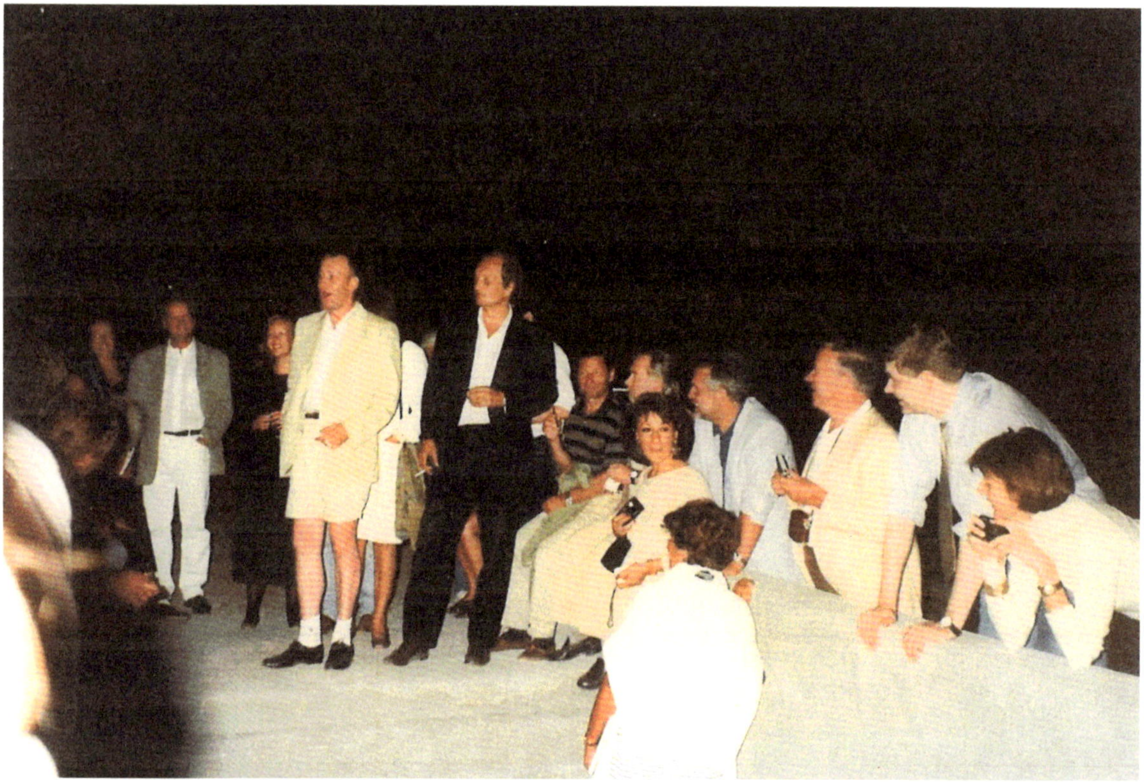

8

Abb. 8–9
Eröffnung der Metrostation Syros, 1993

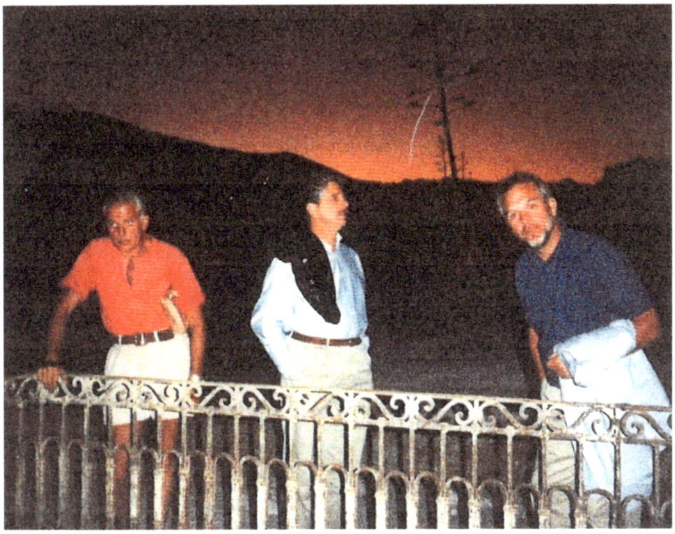

9

19 Doch damit nicht genug. Einen Tag vor dem MOMAS-Festakt wurde am 9. September bei Sonnenuntergang zwischen sieben und neun Uhr abends der erste U-Bahn-Eingang Kippenbergers auf Syros eröffnet.[2] Was bei fortschreitender Dunkelheit auf dem Privatgrundstück erkundet werden konnte, war ein schlichter Betonguss, der im Grundriss eine U-Form von etwa 13 Meter Länge und etwa 2,80 Meter Breite bildete.

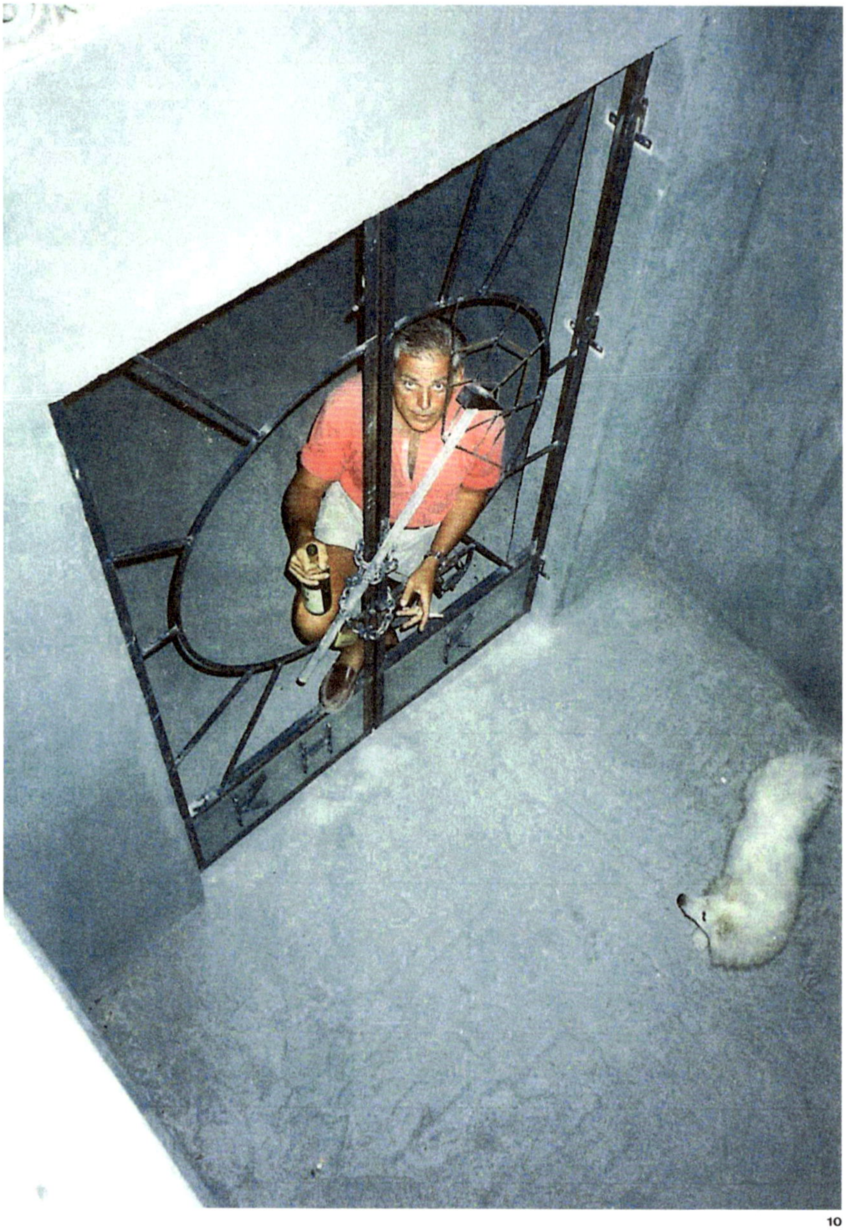

10

Abb. 10
Eröffnungsfeier Metrostation Syros – Michel Würthle, 1993

Abb. 11
Eröffnungsfeier Metrostation Syros – Martin Kippenberger, 1993

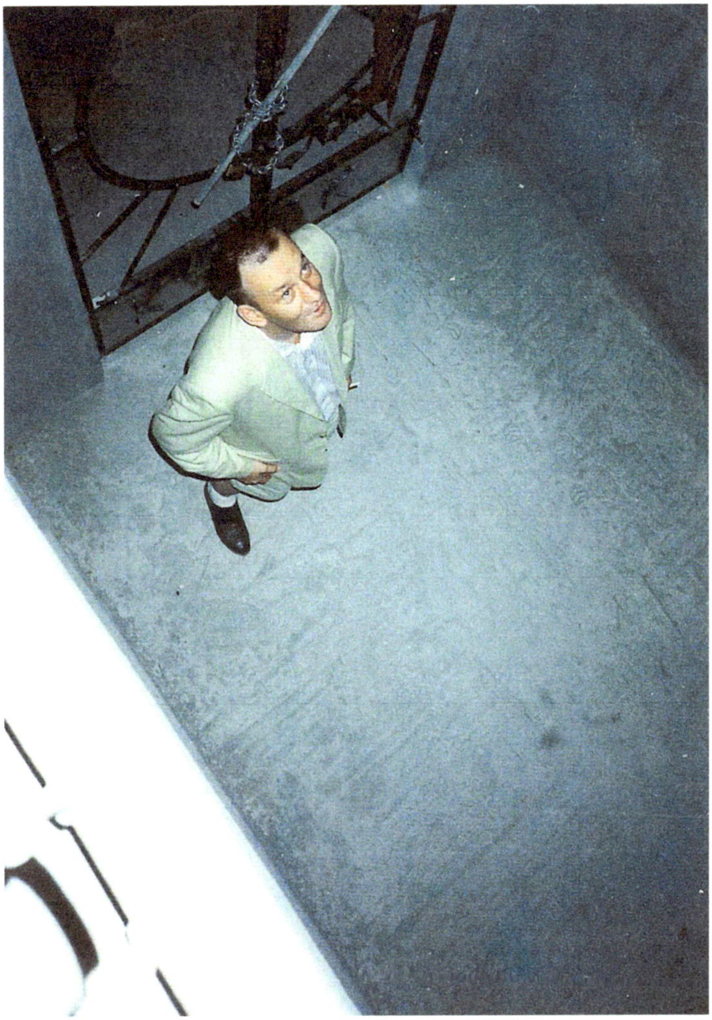

11

21 Zur dekorativen Verschönerung war am Kopfstück eine umlaufende gebrauchte Brüstung aus Schmiedeeisen montiert. Der Treppenabgang endete vor einem Gittertor, das demonstrativ mit einem Vorhängeschloss abgeschlossen war und den Zugang zum dahinterliegenden Annexraum, dem offenbar Allerheiligsten dieser Anlage, versperrte.

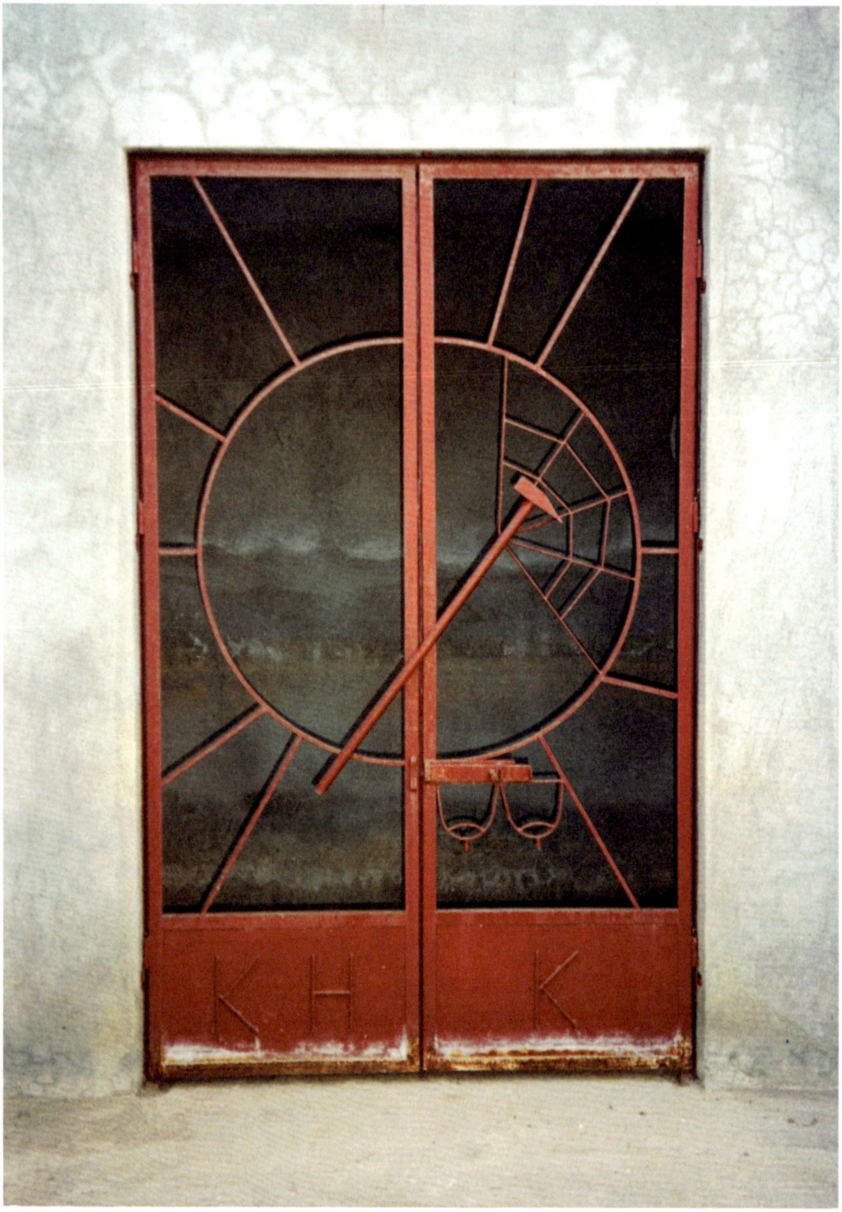

12

Abb.12
Michel Würthle:
Metrostation Syros,
1993

Abb.13
Einladungskarte,
Martin Kippenberger,
Entrance to
the Subway Station
Lord Jim, 1993

MARTIN KIPPENBERGER

ENTRANCE TO THE
SUBWAY STATION LORD JIM

OPENING RECEPTION

THURSDAY, 9. SEPTEMBER 1993

7.00 - 9.00 PM

KTHMA CANNÉ, HROUSA
SYROS–CYCLADES, GREECE

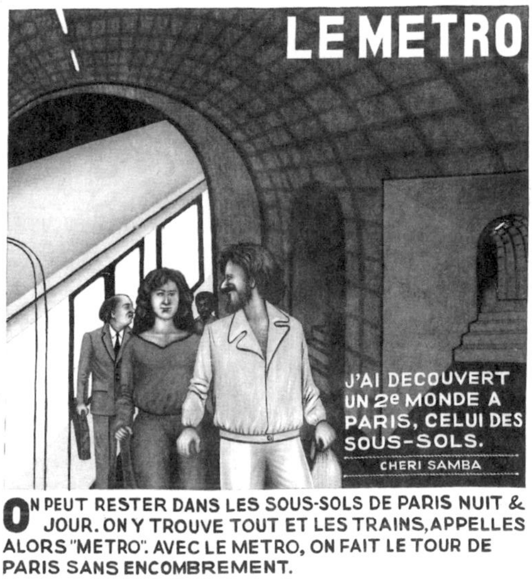

13

23 Das Zugangsprivileg sollte den Mitgliedern der Lord Jim Loge vorbehalten sein, die Kippenberger mit Künstlerkollegen – Frauen waren nicht zugelassen – um 1984 gegründet hatte. Das auf dem Gittertor angebrachte Emblem Sonne-Busen-Hammer sowie das der Loge zugrundeliegende Motto „KHK“ (Keiner hilft keinem) brachte die Nutzungsbeschränkung unmissverständlich zum Ausdruck.[3] Entsprechend wurde der U-Bahn-Eingang auf der Einladungskarte mit „Entrance to the Subway Station Lord Jim“ betitelt.

Abb. 14
Metrostation Syros, 1993

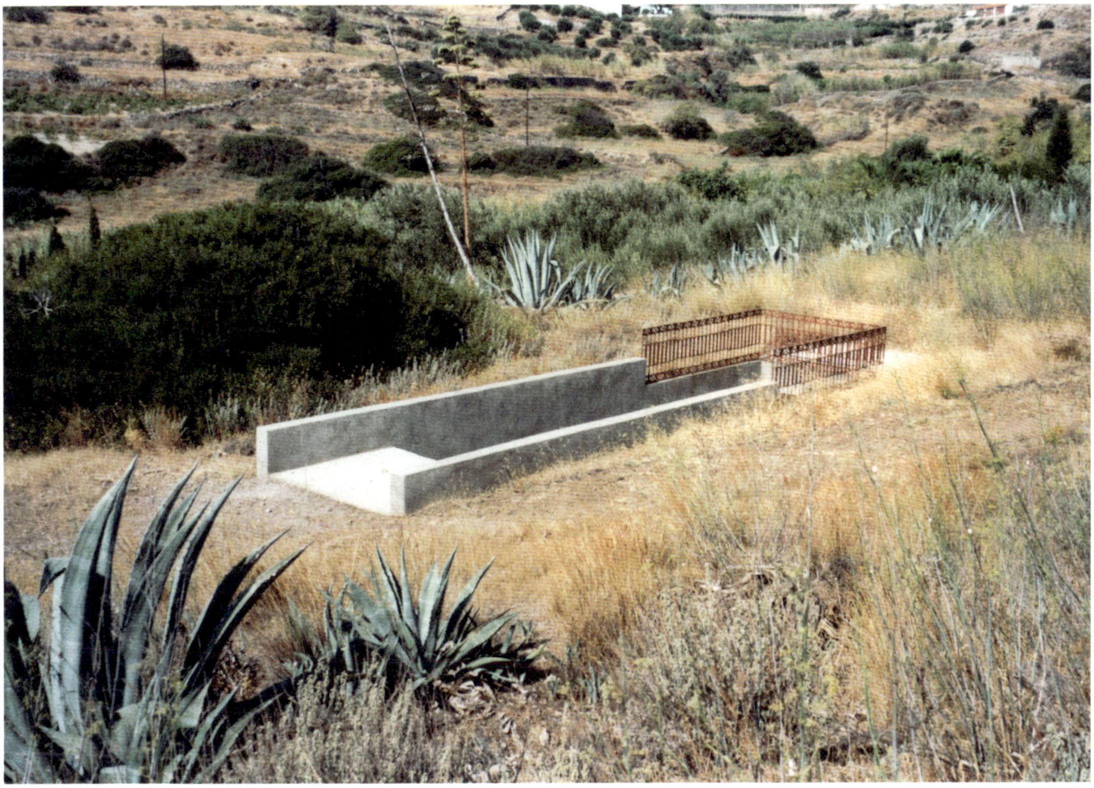

14

25 Diese auf die brutalistische Architektur der Nachkriegsmoderne zurückgehende Zweckform einer U-Bahn bildete den Auftakt zu Kippenbergers Werkkomplex METRO-*Net.*[4] Zu welchem Zeitpunkt bei Kippenberger die Idee, einen U-Bahn-Eingang auf Syros zu errichten, konkrete Gestalt annahm, welches Konglomerat an Inspirationsquellen nötig war und vor allem, wie viele Gespräche im Vorfeld zur kreativen Stimulanz geführt werden mussten, damit die Vorstellung auch in die Tat umgesetzt werden konnte, lässt sich kaum rekonstruieren.

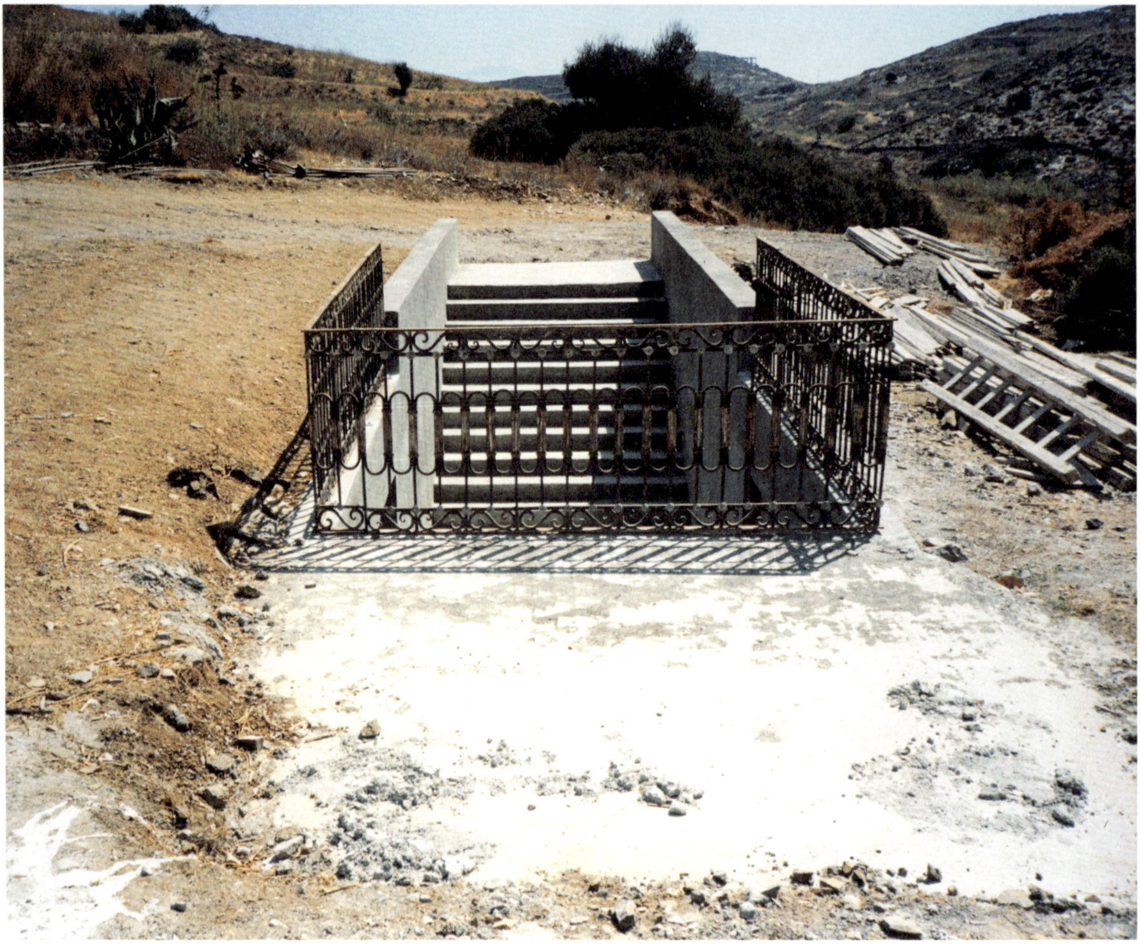

15

Abb. 15
Metrostation Syros, 1993

Abb. 16
Martin Kippenberger und Michel Würthle, um 1993

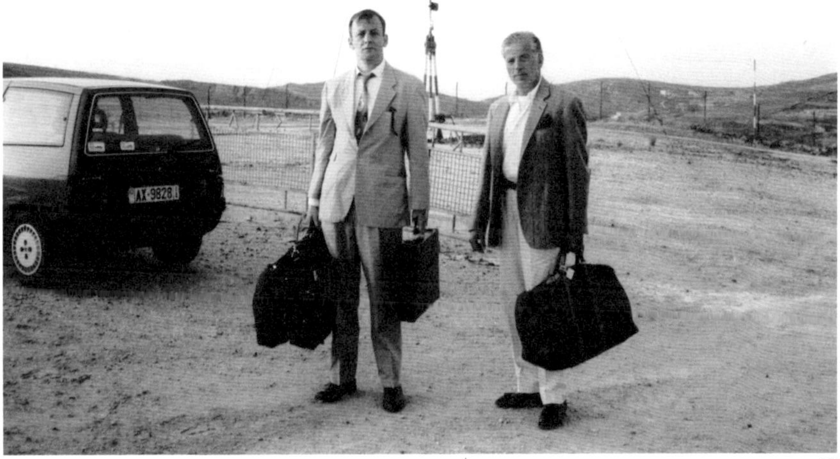

16

27 Bekannt ist, dass Kippenberger 1992 seinen Freund Würthle für mehrere Monate auf Syros besuchte, um sich vom Kunstbetrieb zu erholen. Während dieser Zeit malten sie und spielten exzessiv Mau-Mau, wobei der Verlierer dem Gewinner etwas zeichnen musste.[5] Auf einer der sogenannten Verlustzeichnungen von Würthle – nach seinem Bekunden verlor er ständig gegen Kippenberger – sind zwei U-Bahn-Eingänge dargestellt, die die wesentlichen Merkmale des Baus in Syros vorwegnehmen:

28

Abb. 17
Michel Würthle:
MAU-MAU VERLUST-
ZEICHNUNG NR. 13,
1992

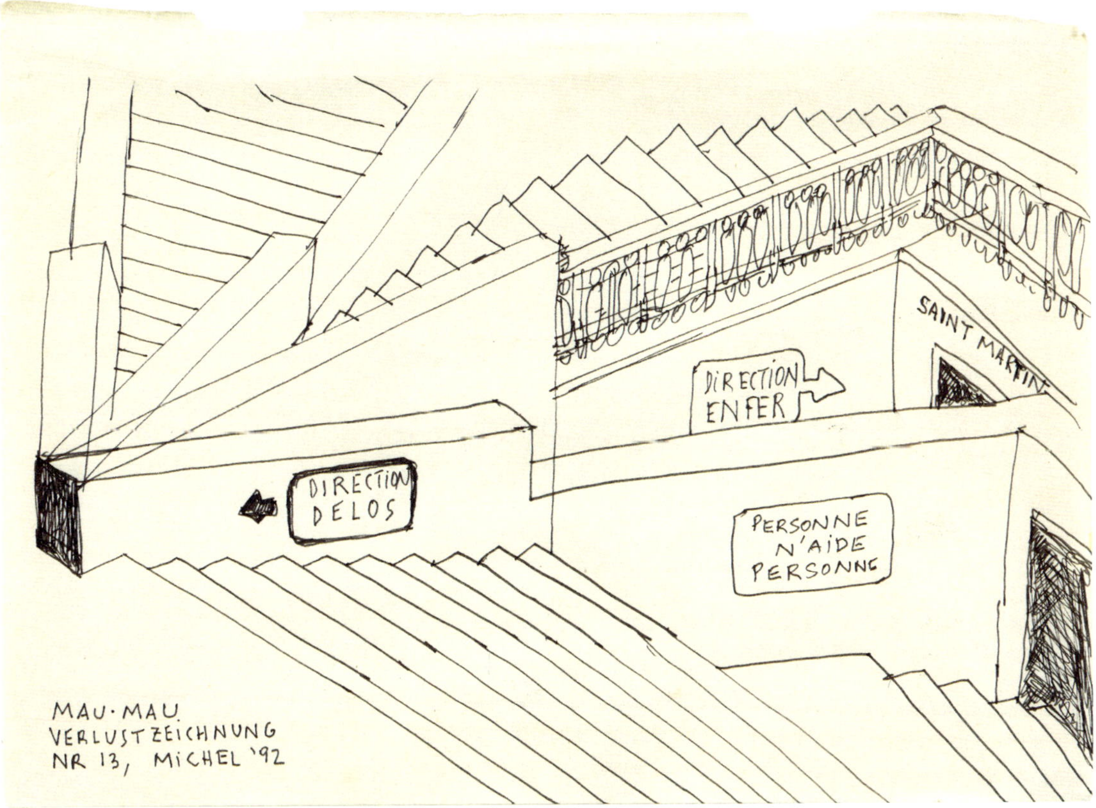

17

29 U-förmiger Grundriss, Brüstung und Hinweis in französischer Sprache, dass der Zugang nur Mitgliedern der Lord Jim Loge vorbehalten sei („Personne n'aide personne"). Eine Station ist in Anspielung auf Kippenbergers Vornamen mit Saint Martin und der Richtungsangabe Enfer (Hölle) bezeichnet. Die andere ist mit der Ortsangabe Delos – einer Nachbarinsel von Syros – gekennzeichnet.

Abb. 18
Michel Würthle:
Konstruktionsentwurf
Metrostation
St. Martin – Syros, 1992

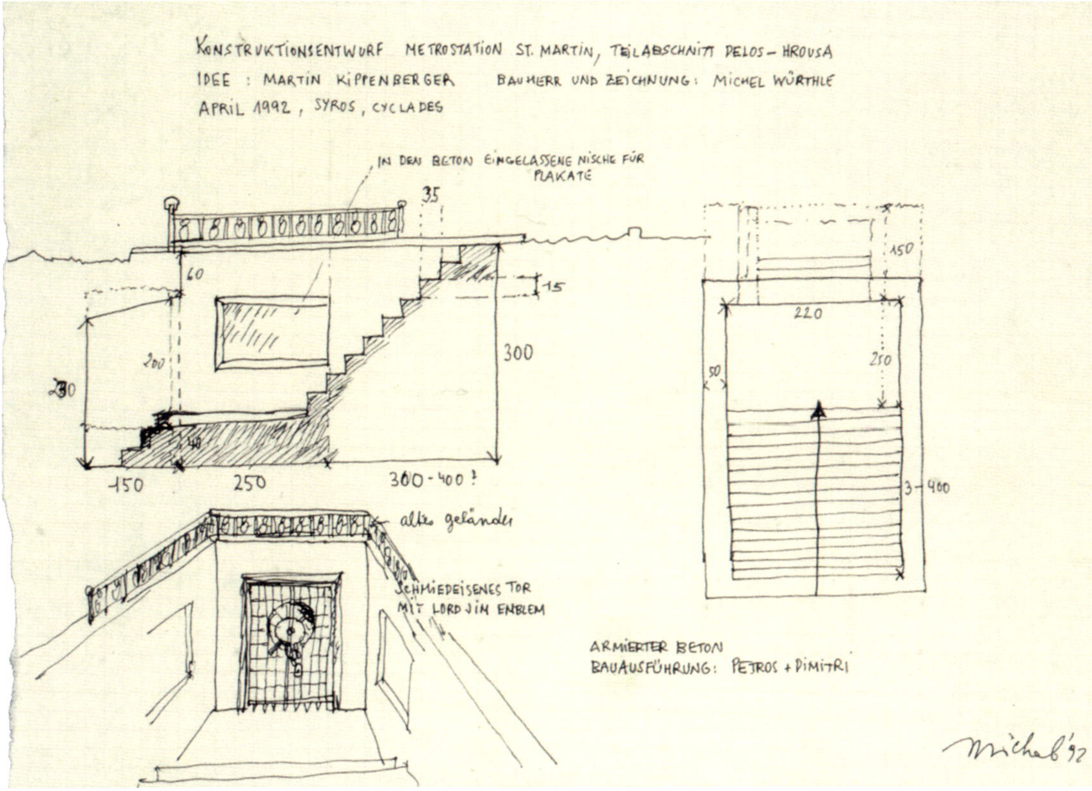

18

31 Im April desselben Jahres führte Würthle, vielleicht von dieser mit 1992 datierten Arbeit inspiriert, einen Grund- und Aufrissplan mit Maßangaben aus, auf dem er sich als Bauherr und Kippenberger als Ideengeber für eine U-Bahn-Strecke zwischen Syros und Delos bezeichnete.

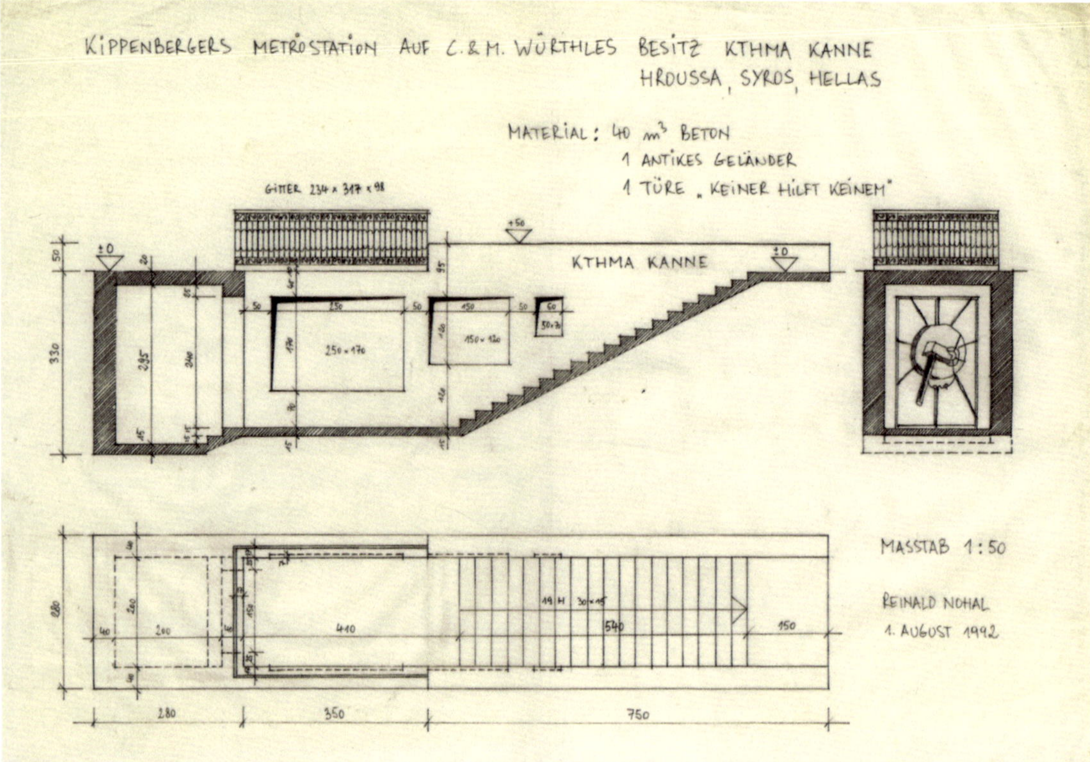

19

Abb. 19
Reinald Nohal: Bauzeichnung für Kippenbergers Metrostation – Syros, 1992

Abb. 20
Metrostation Syros, nach 1993

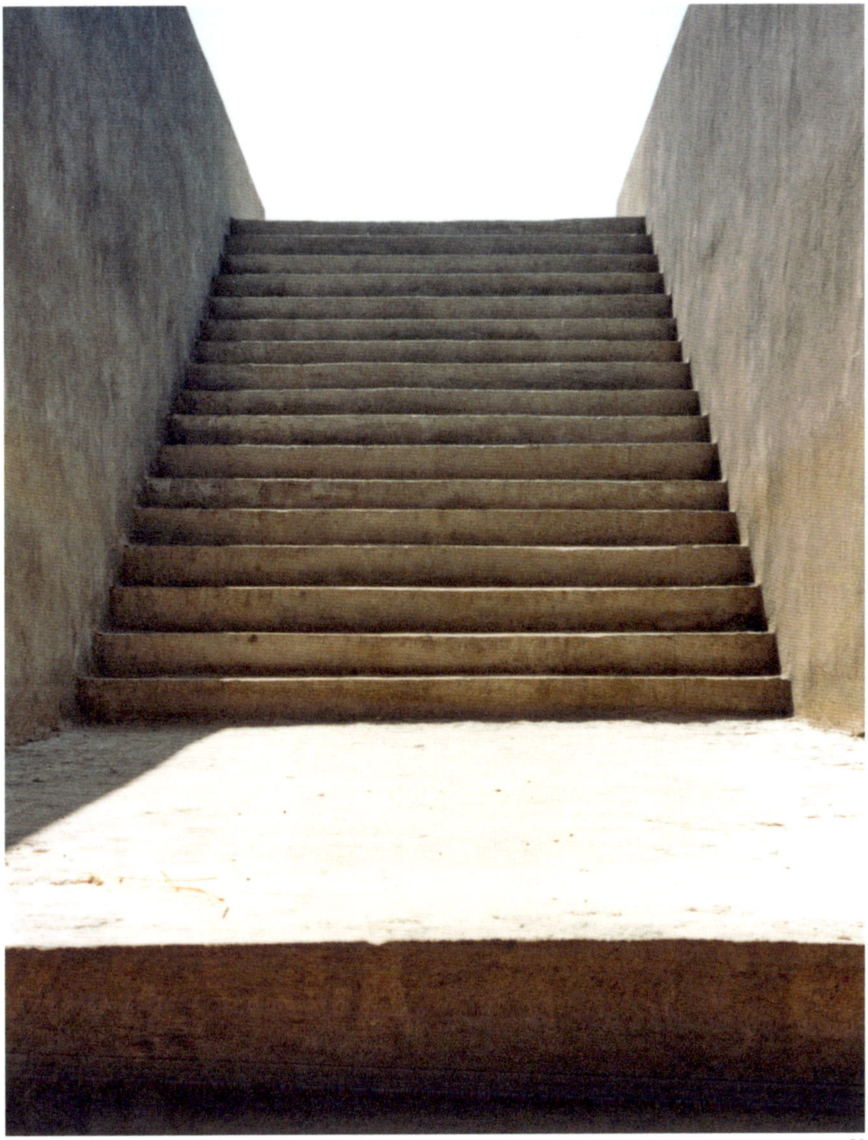

20

33 Nohal wiederum übertrug diesen Plan am 1. August in eine Reinzeichnung, wobei er die Anlage in den Maßen deutlich vergrößerte und die Stationsbezeichnung St. Martin sowie die Streckenangabe wegließ. Diese Fassung bildet mit hoher Wahrscheinlichkeit die Grundlage für die Ausführung des Betongusses auf Syros.

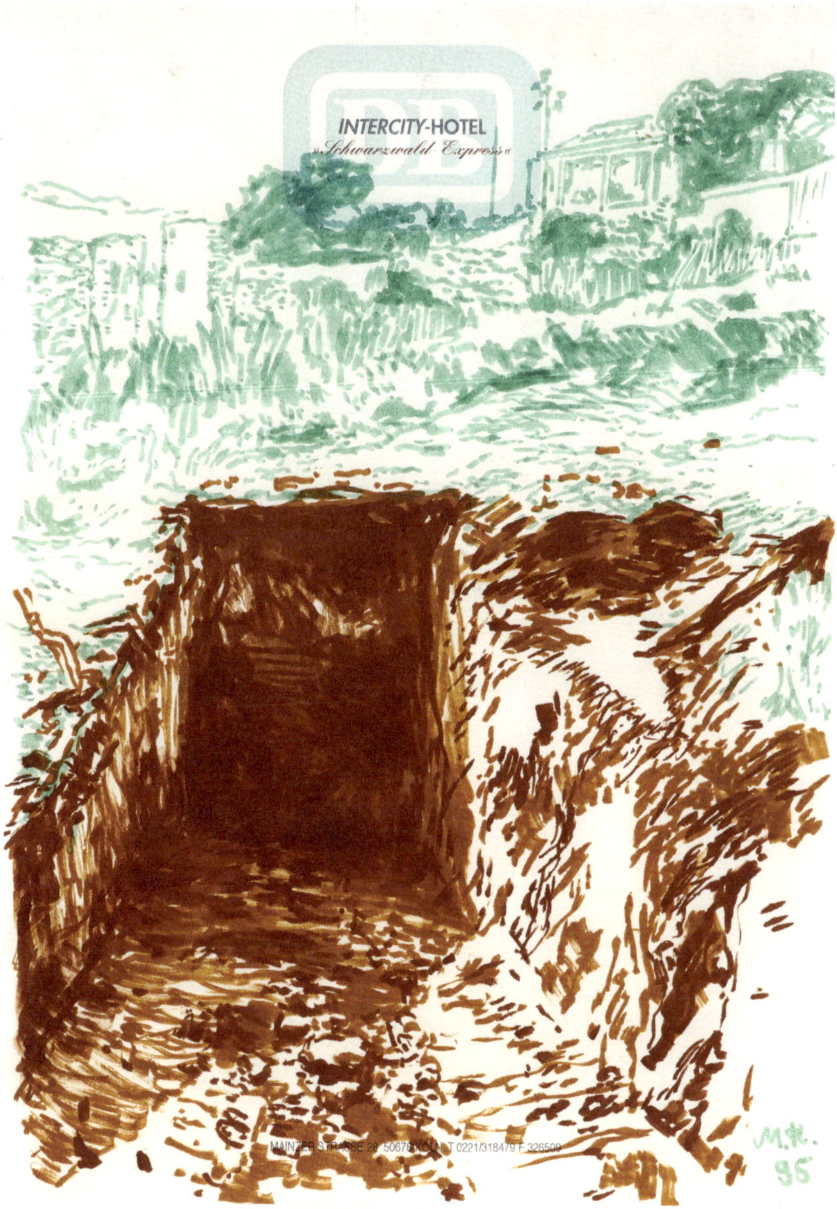

21

Abb. 21
Martin Kippenberger: Ohne Titel (DB Intercity Hotel „Schwarzwald Express"), 1995

Abb. 22
Erdaushub für die Metrostation Syros – im Hintergrund Martin Kippenberger, 1992

Abb. 23
Erdaushub für die Metrostation Syros – rechts: Michel Würthle, 1992

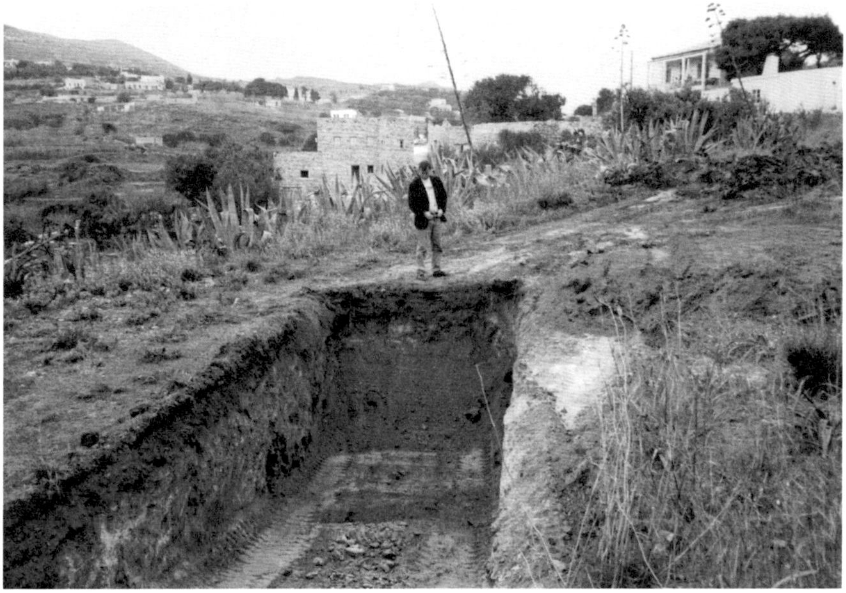

22

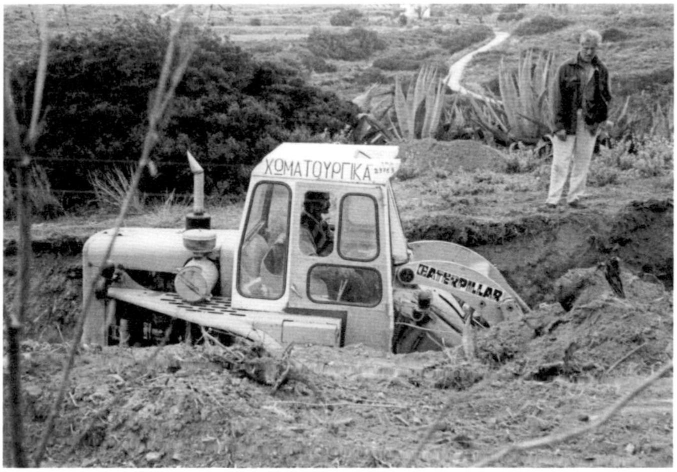

23

35 Bis zur Eröffnung der Metrostation am 9. September blieb somit mehr als ein Jahr Zeit für die Realisierung des Bauvorhabens, welches zur besseren Nachvollziehbarkeit für den einheimischen Baggerfahrer als Bau einer Zisterne deklariert wurde. Von Kippenberger sind keine Entwürfe zur Werkgenese des U-Bahn-Eingangs bekannt. Erst nachträglich entstand 1995 eine Hotelzeichnung mit der Darstellung des Erdaushubs nach einer fotografischen Vorlage.[6]

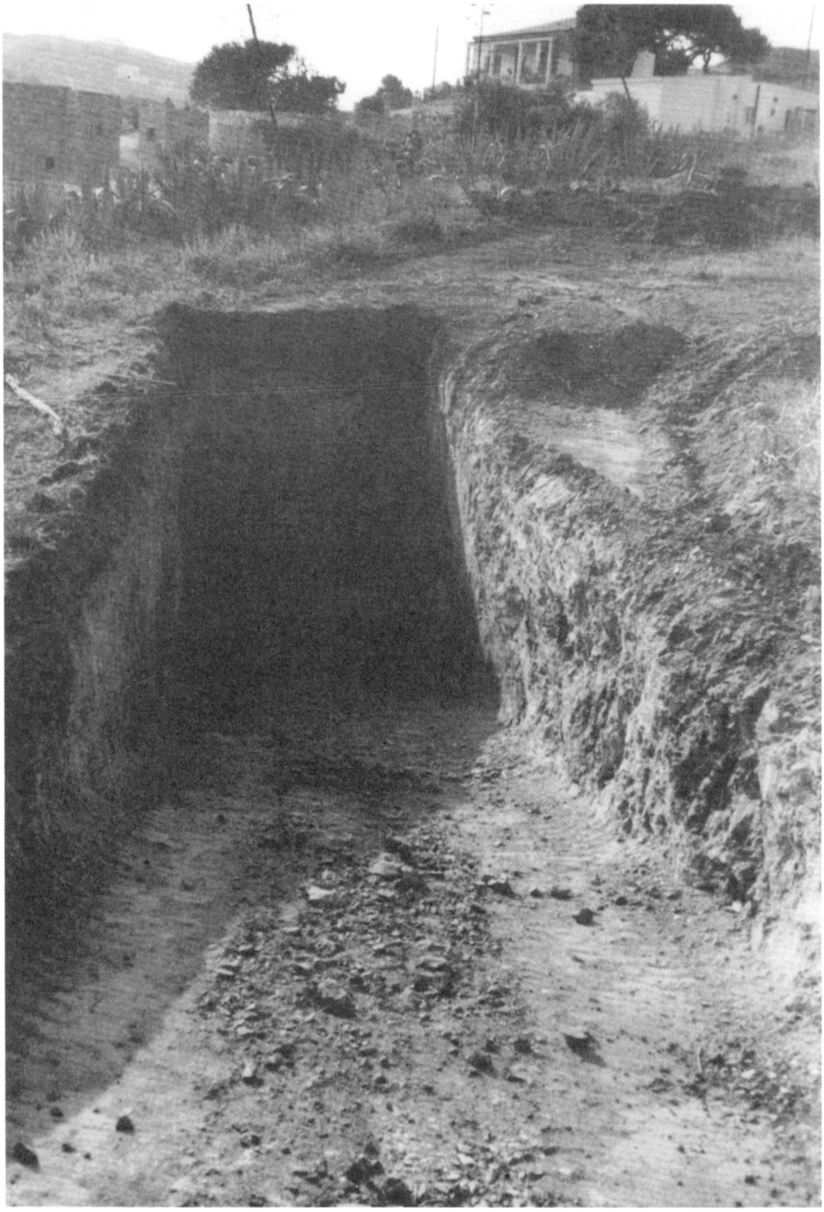

24

Abb. 24
Erdaushub für die Metrostation Syros, 1993

DAWSON CITY

Daten
Eröffnung:
5. August 1995

Planungsbeginn:
unbekannt

Baubeginn:
1. Hälfte 1994

Fertigstellung:
August 1994

Entwurf
Reinald Nohal

Material
Fichte

Standort
nach 2009
abgebaut / Rose Art
Museum Boston
(in Planung)

Maße
Bauwerk ca.:
unbekannt (hoch)
[350 cm unter
und unbekannt
über der Erde] ×
1400 cm (breit) ×
300 cm (tief)

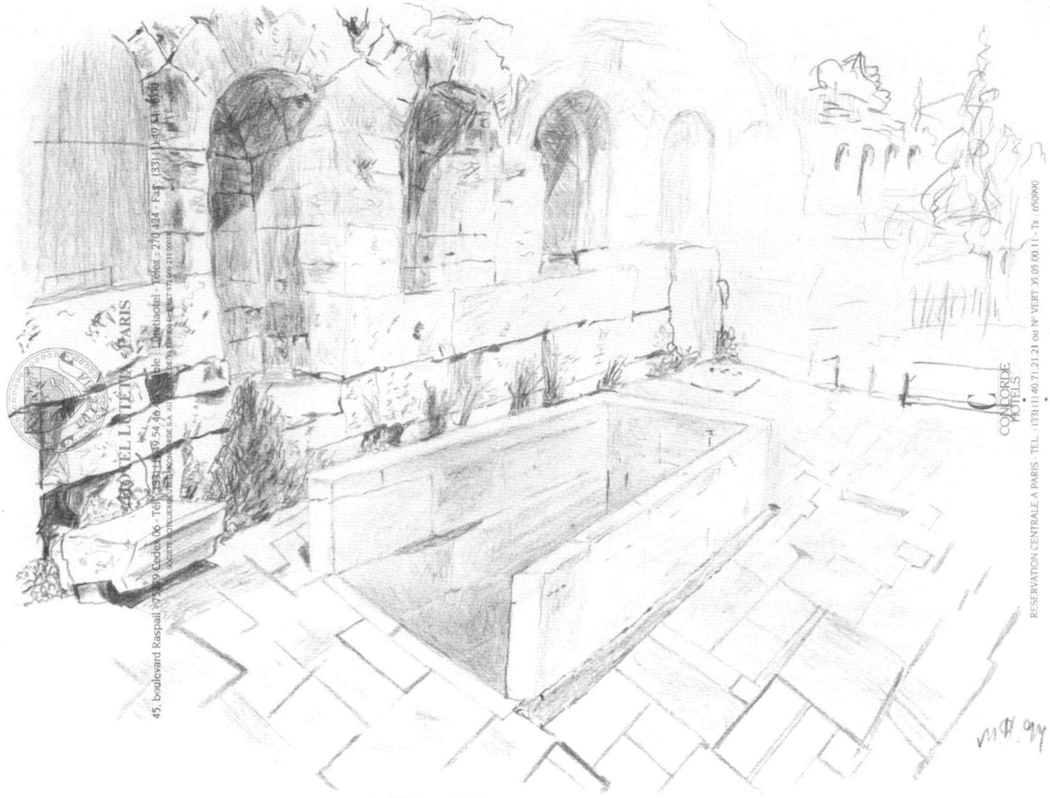

06

39 Vielleicht bildete das Syros-Projekt für Kippenberger zunächst eine abgeschlossene skulpturale Einheit, doch recht schnell muss ihm bewusst geworden sein, dass eine U-Bahn-Linie zwischen zwei Punkten pendelt, einen Abfahrts- und einen Zielort benötigt. Die ursprünglich erwogene Endstation auf Delos sollte vermutlich, wie es zwei nach einer Fotografie entstandene Hotelzeichnungen Kippenbergers von 1994 veranschaulichen, inmitten einer antiken Ruinenanlage mit Zyklopenmauerwerk liegen.

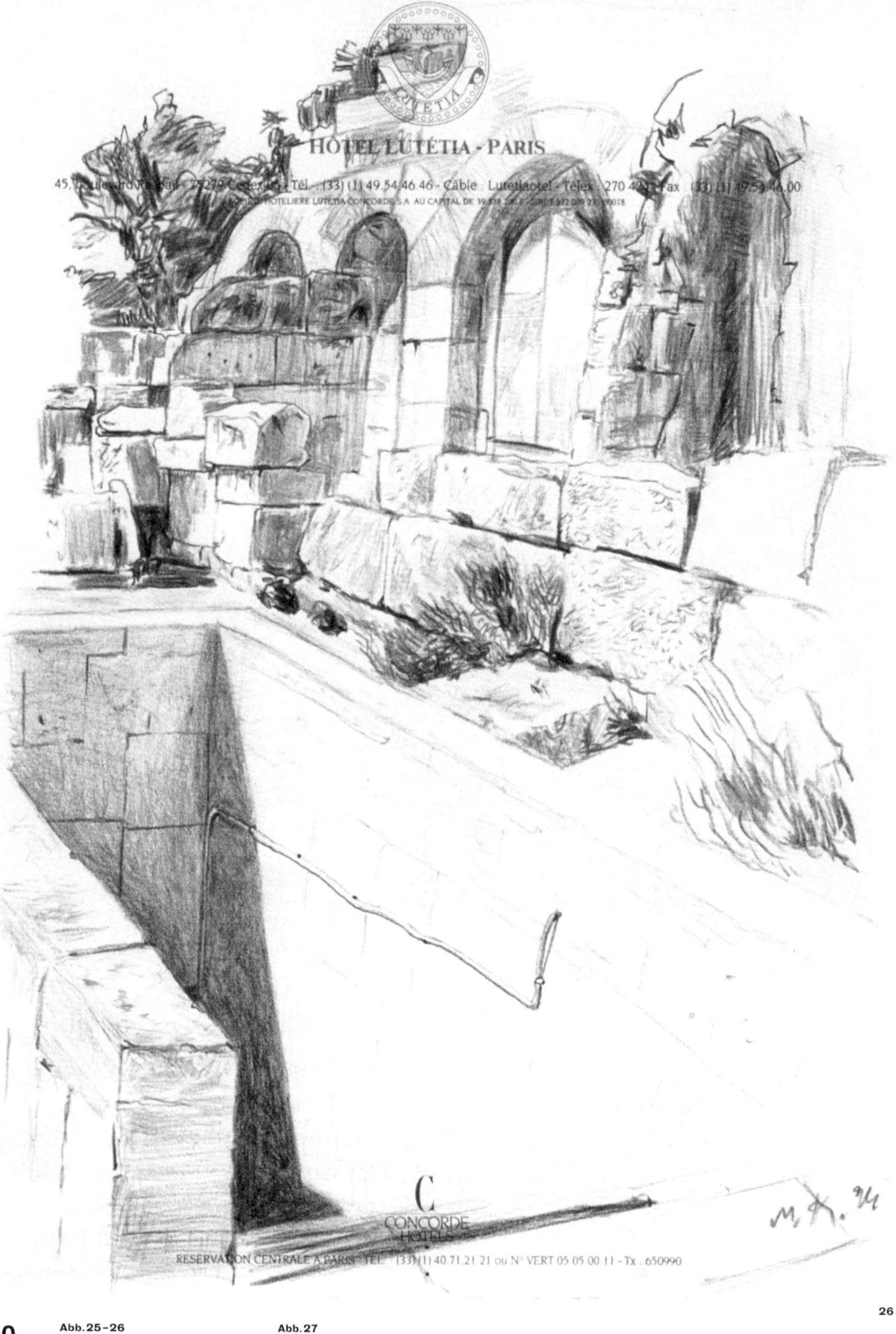

26

Abb. 25–26
Martin Kippenberger: Ohne Titel (Hôtel Lutétia Paris), 1994

Abb. 27
Fotografie aus dem Kippenberger-Archiv, um 1993

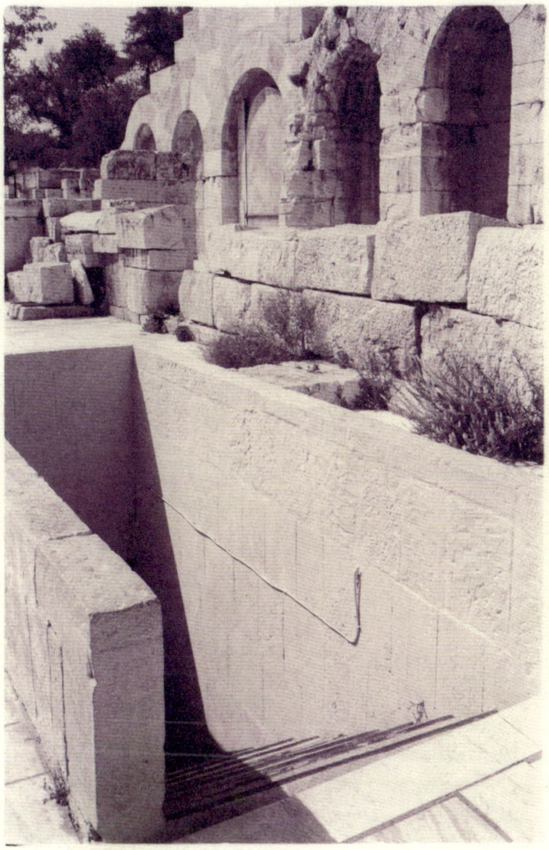

27

41 Die Idee wurde jedoch aus nicht bekannten Gründen fallen gelassen. Wahrscheinlich weil Kippenberger zu diesem Zeitpunkt bereits einen anderen, ambitionierten Plan verfolgte, und zwar den einer weltumspannenden Streckenverbindung. Denn bereits im Herbst 1995 erhielt die Station in Syros einen weiteren Ausgang, der knapp 9.000 Kilometer entfernt in Dawson City im Nordwesten Kanadas lag.

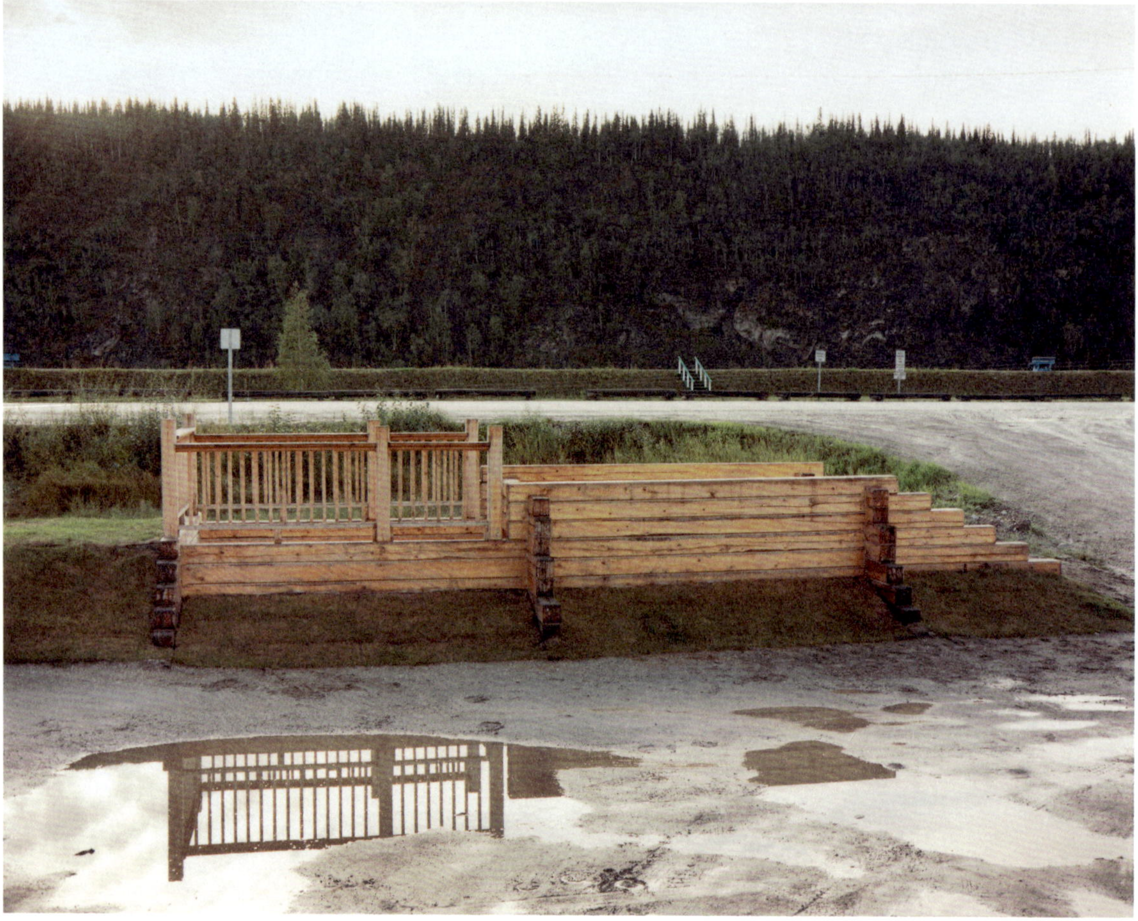

28

Abb. 28
Albrecht Fuchs: Martin Kippenberger, Dawson City, 1995/2020

Abb. 29
Martin Kippenberger: Ohne Titel (Hotel Robert Mayer), 1995

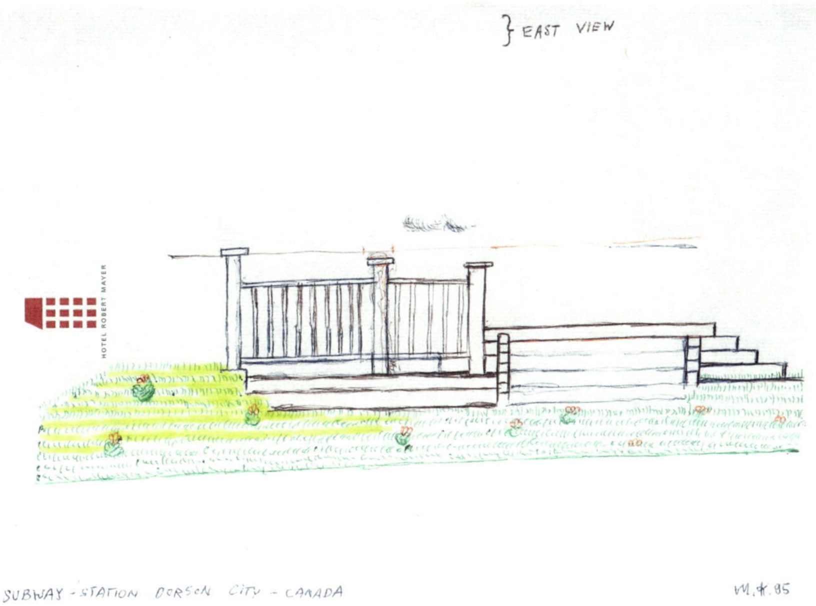

29

43 Die Wahl fiel nicht zufällig auf diese schwer zu erreichende ehemalige Goldgräberstadt. Hier lebte seit Mitte der 1980er Jahre der Schriftsteller und Sprachtheoretiker Oswald Wiener zusammen mit seiner zweiten Ehefrau, der Künstlerin Ingrid Wiener. Beide waren mit Nohal und Würthle befreundet und betrieben in ihrem freiwilligen Exil das Claims Café. Spätestens zu Beginn der 1990er Jahre ließ Nohal in unmittelbarer Nähe des Cafés nach eigenen Entwürfen das Bunkhouse Hostel errichten.

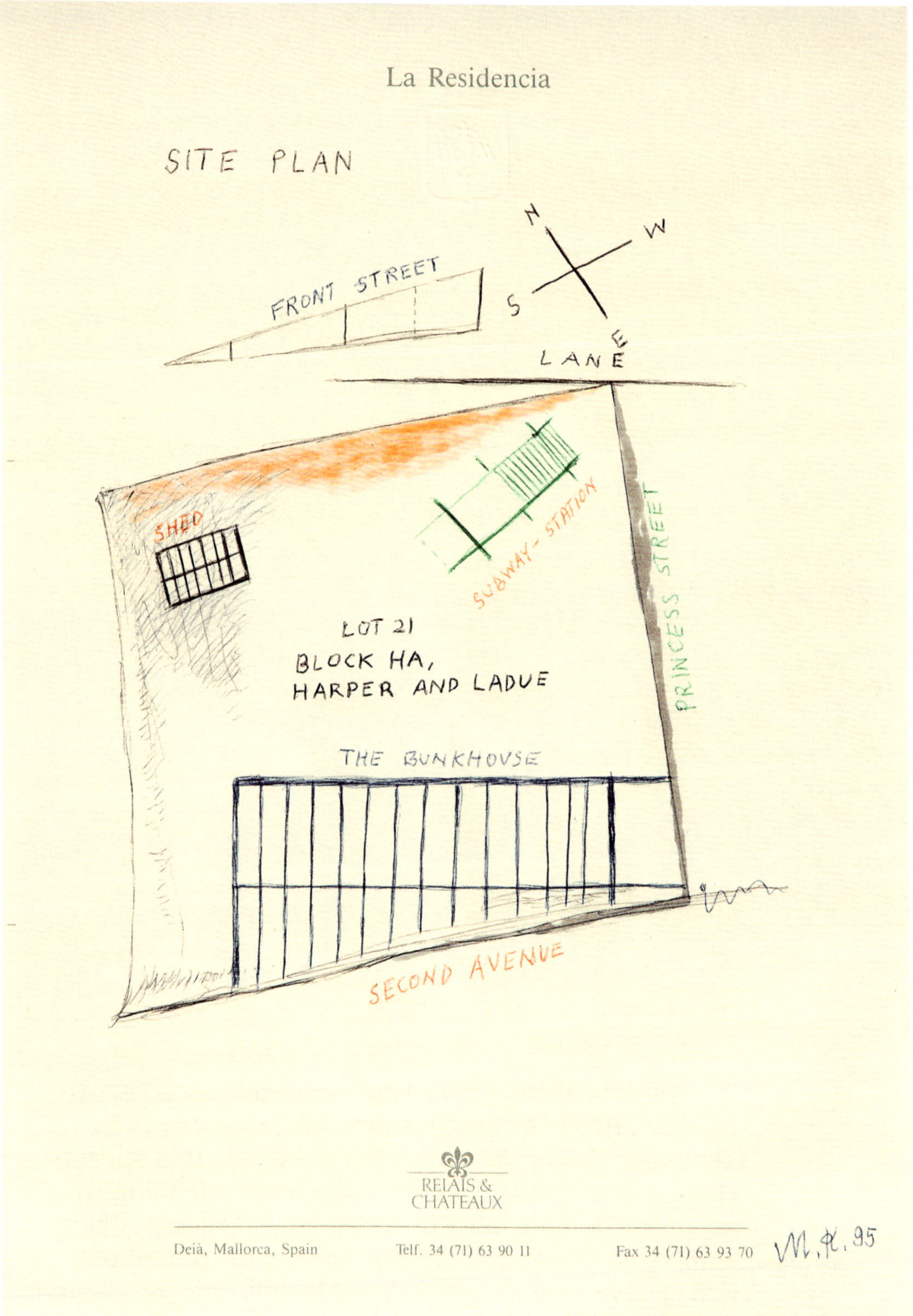

30

Abb. 30
Martin Kippenberger: Ohne Titel (La Residencia), 1995

Abb. 31
Albrecht Fuchs: Martin Kippenberger, Dawson City, 1995/2020

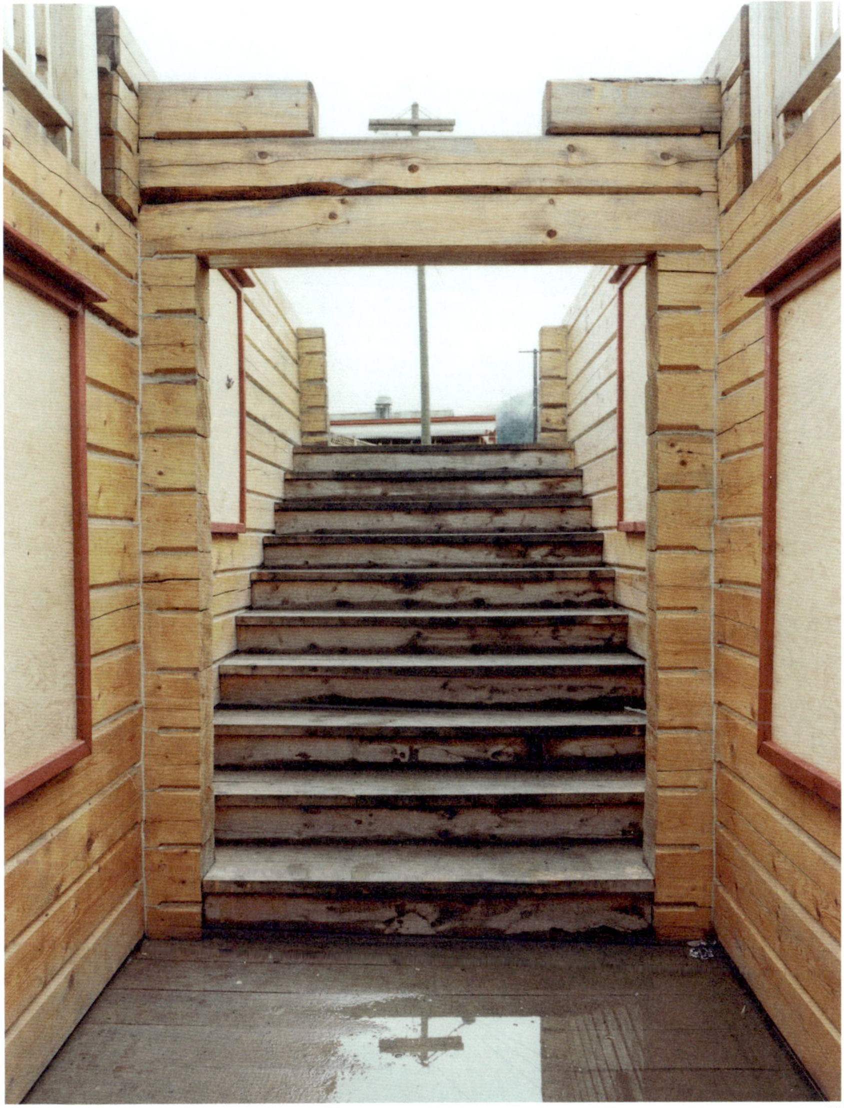

31

45 Auf dem Grundstück überließ er Kippenberger eine großzügige Freifläche zum Bau der zweiten Metrostation, die genau zwischen dem Fluss Yukon und der Herberge gelegen war. Die Bauarbeiten wurden im Sommer 1994 weitgehend zum Abschluss gebracht.[7]

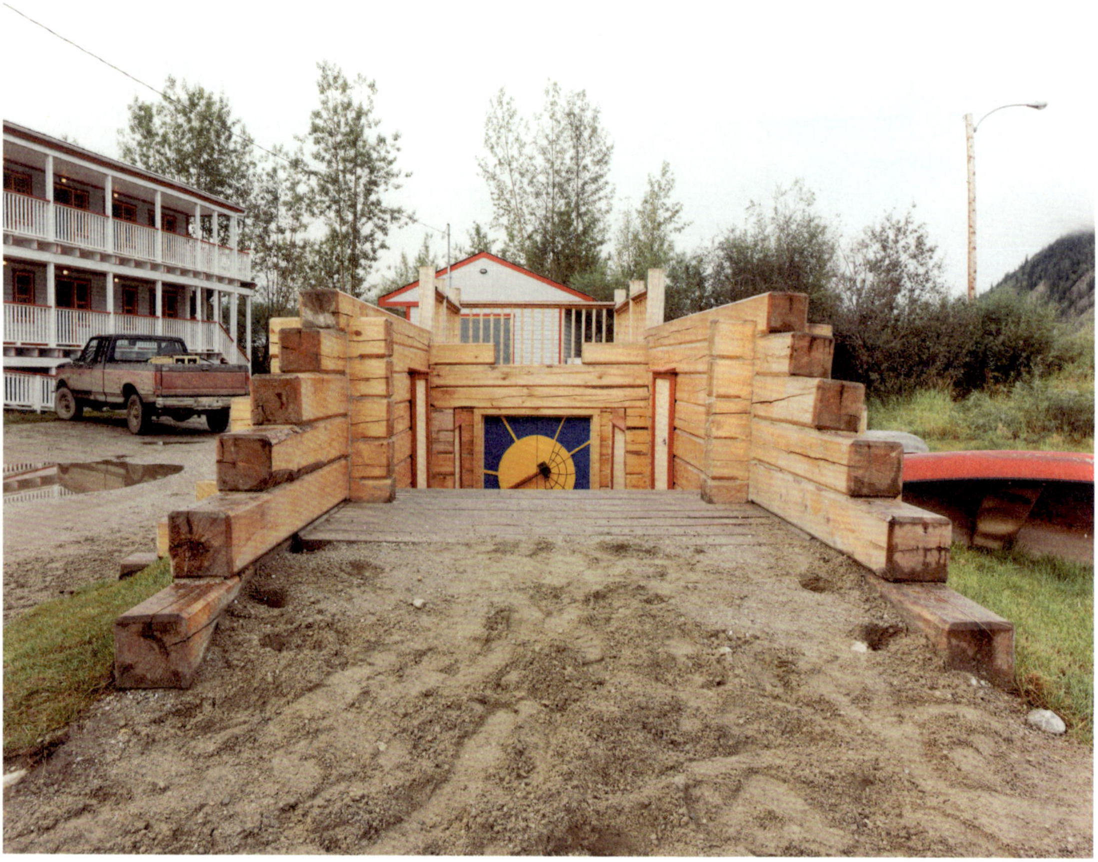

32

Abb. 32
Albrecht Fuchs: Martin Kippenberger, Dawson City, 1995/ 2020

Abb. 33
Martin Kippenberger: Ohne Titel (The Central Plaza Hotel, Bangkok), 1995

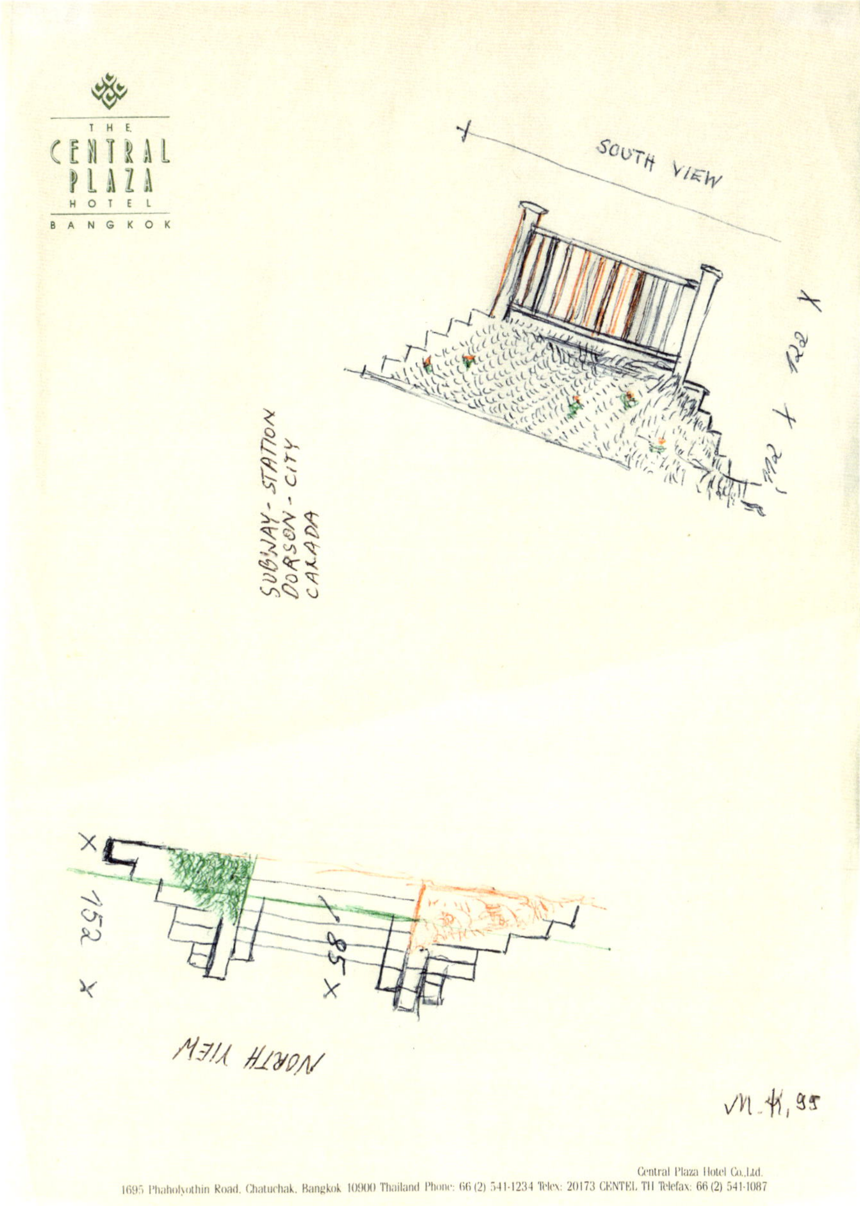

47 Ähnlich wie in Syros sind auch für die Realisierung dieses Projekts keine vorbereitenden Skizzen von Kippenberger bekannt. Die Hotelzeichnungen, darunter ein Lageplan sowie drei detaillierte Ansichten, sind ein Jahr nach der Errichtung des U-Bahn-Eingangs 1995 entstanden.

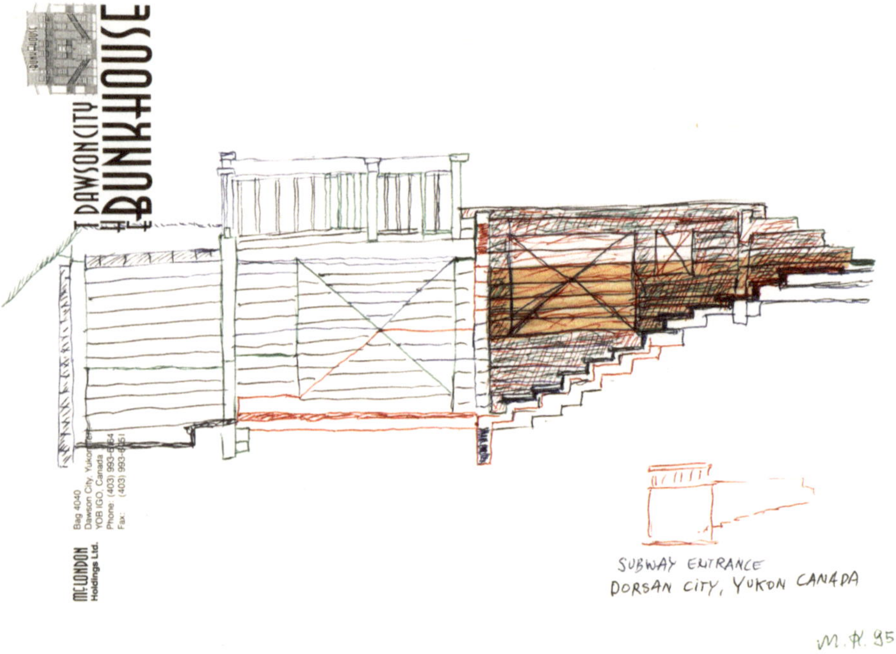

34

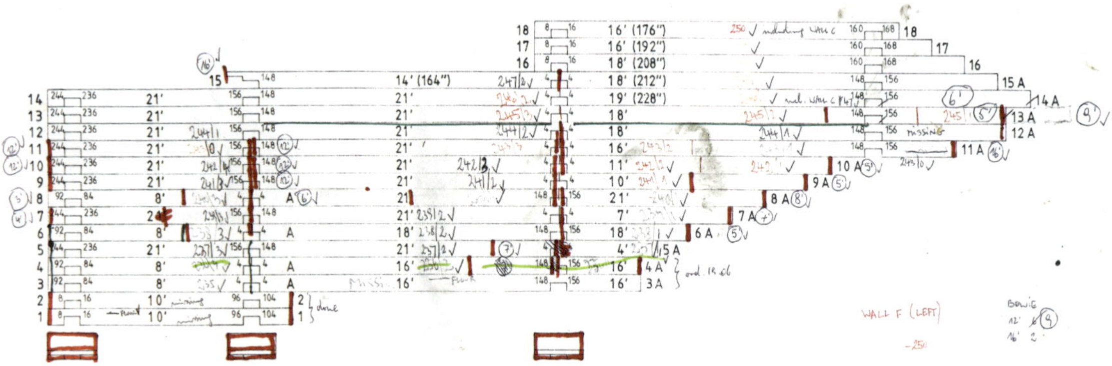

35

Abb. 34
Martin Kippenberger: Ohne Titel (The Dawson City Bunkhouse), 1995

Abb. 35
Reinald Nohal: Bauplan für die Metrostation Dawson City, 1994

Abb. 36
Martin Kippenberger: Ohne Titel (Copacabana Palace), 1995

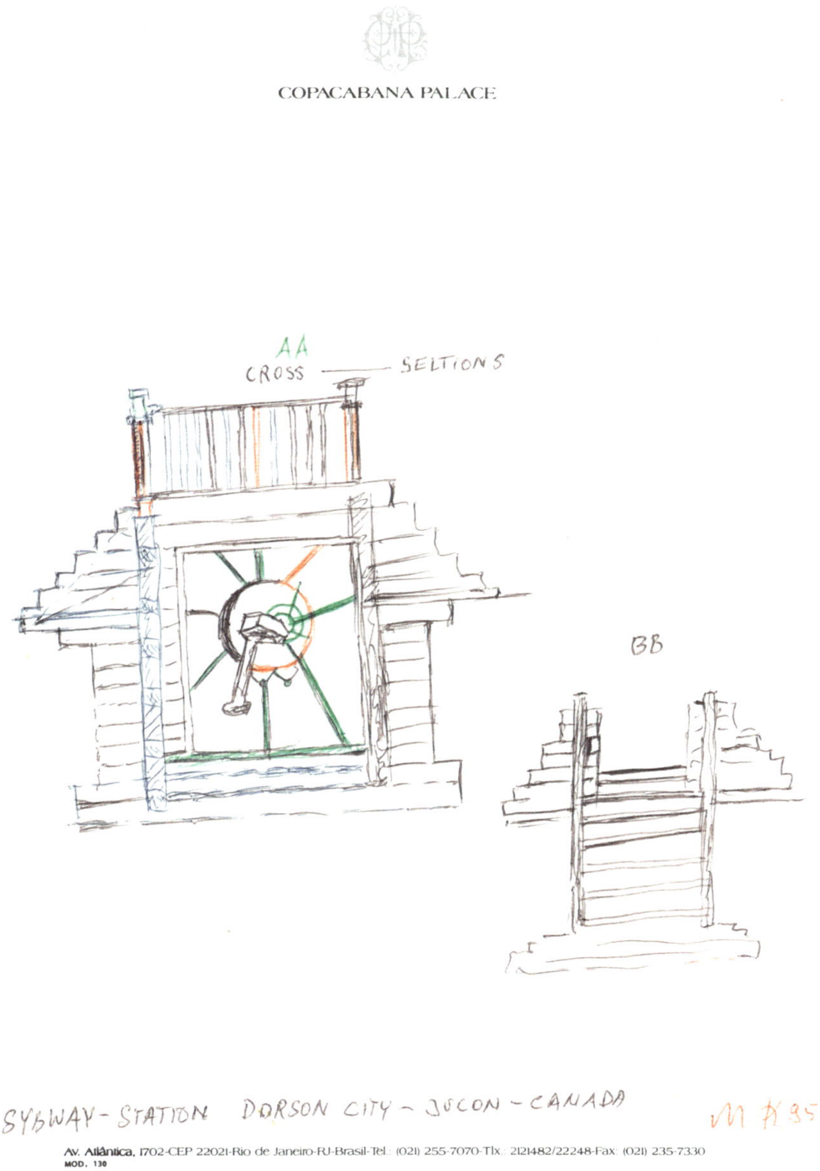

36

49 Wahrscheinlich dienten ihm Konstruktionszeichnungen, die Nohal angefertigt hatte, als Vorlagen. Vor diesem Hintergrund möchte man meinen, dass Kippenberger die Rolle des Bauunternehmers spielte, der Nohal als Architekten und Ingenieur mit der Ausführung beauftragte. Es wäre wichtig, in Erfahrung zu bringen, ob von Kippenberger die Vorgabe einer der lokalen Architekturtradition angemessenen Errichtung in Blockbauweise stammte.

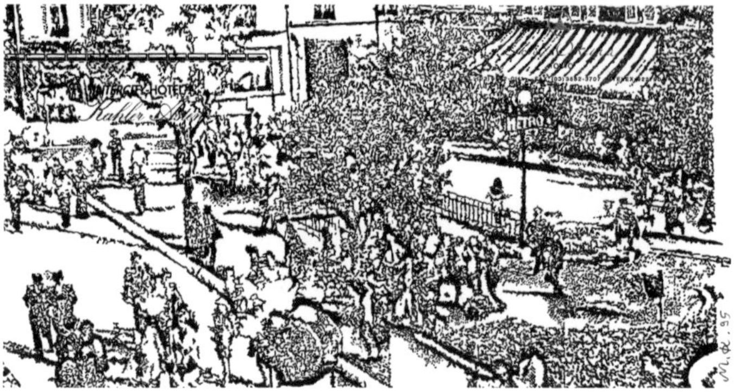

MARTIN KIPPENBERGER

EXIT OF THE
UNDERGROUND STATION DAWSON CITY WEST

OPENING RECEPTION
THURSDAY, 3 AUGUST 1995, 3 – 5 PM

BUNKHOUSE
DAWSON CITY, YUKON TERRITORY, CANADA

37

Abb. 37
Einladungskarte, Martin Kippenberger, Exit of the Underground Station Dawson City West, 1995

Abb. 38
Albrecht Fuchs: Martin Kippenberger, Dawson City, 1995/2020

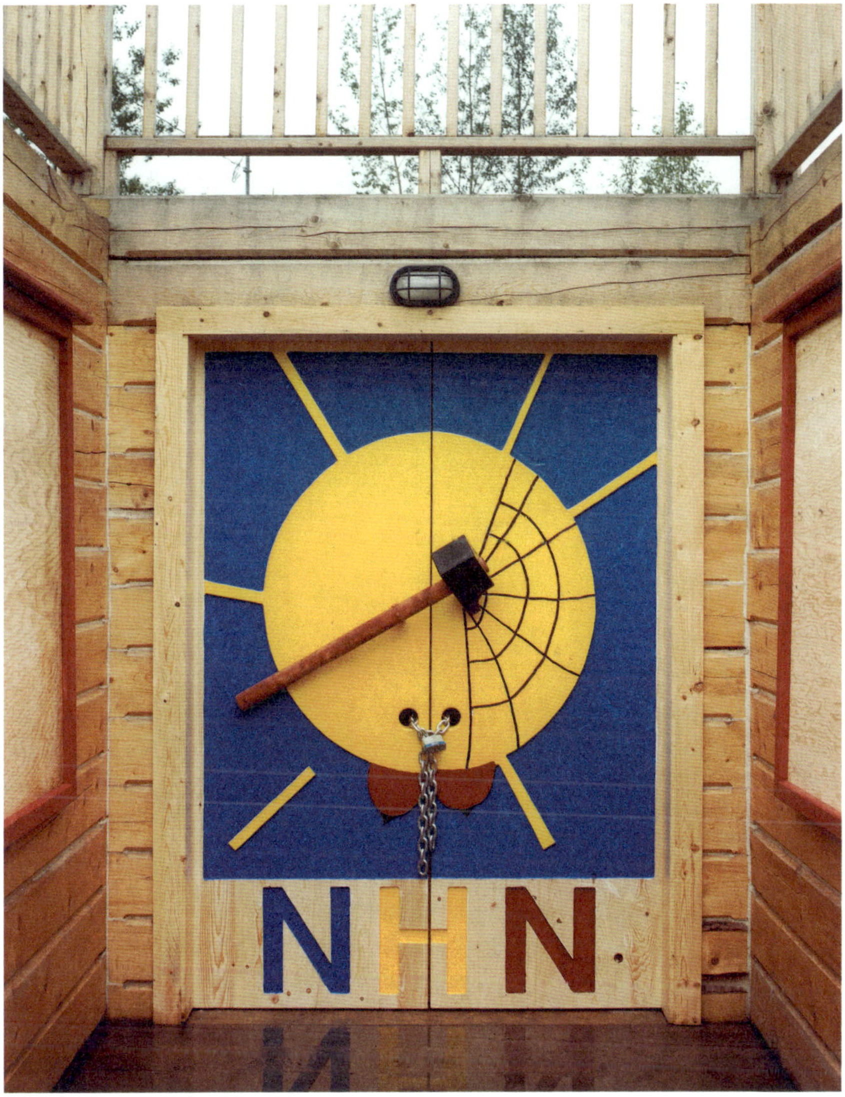

38

51 Aus Syros wurde die architektonische Grunddisposition übernommen, bestehend aus Brüstung, Treppenabgang und Annexraum, den nur Mitglieder der Lord Jim Loge betreten durften. Die Doppeltüranlage, durch ein wuchtiges Vorhängeschloss abgesperrt, war mit dem Logenemblem und dem abgekürzten Motto „NHN“ (Nobody Helps Nobody) verziert. Die Anlage erhielt, gemäß der Einladungskarte, den Namen „Exit of the Underground Station Dawson City West“.

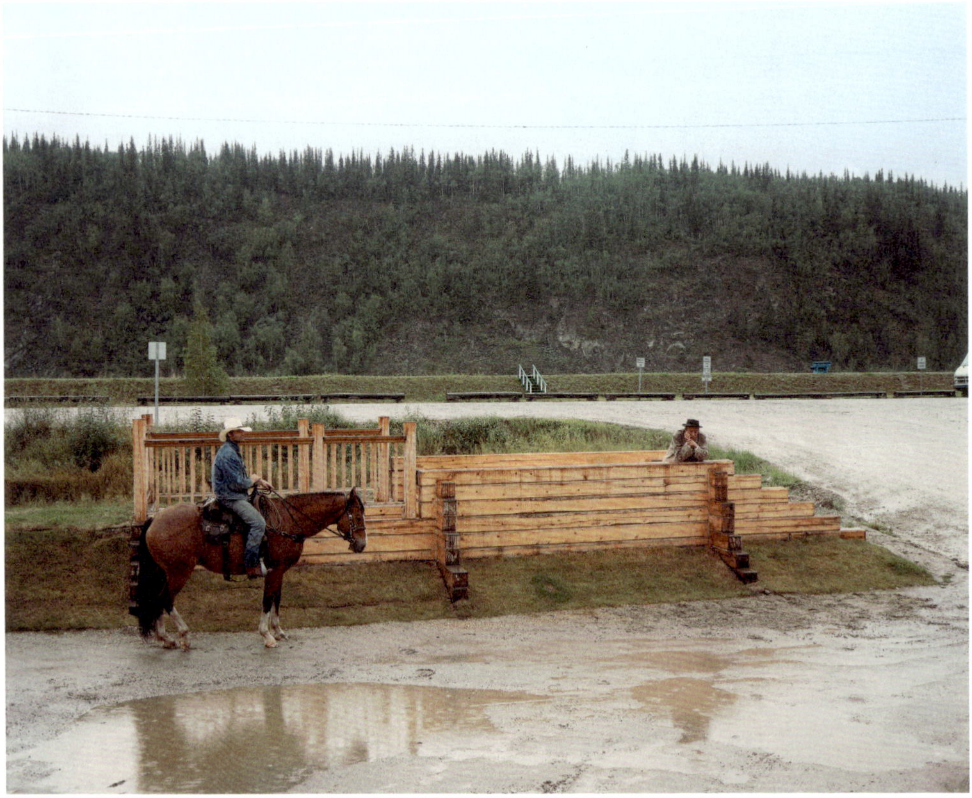

39

Abb. 39–40
Albrecht Fuchs:
Martin Kippenberger,
Dawson City, 1995/2020

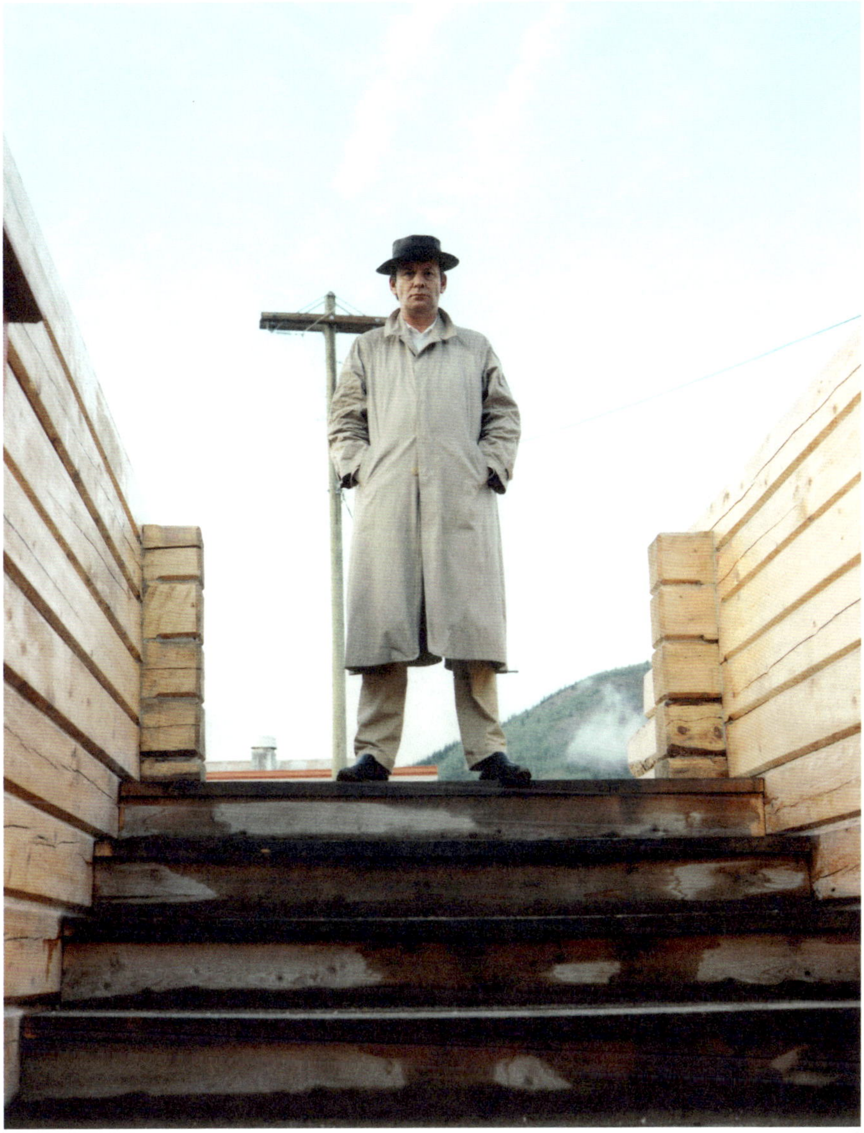

40

53 Kippenberger besuchte Dawson City erstmals anlässlich der Eröffnung der U-Bahn-Station, die am 5. August 1995 um drei Uhr nachmittags mit einem großen Festakt stattfand. Neben seiner langjährigen Gefährtin und Galeristin Gisela Capitain war auch der Fotograf Albrecht Fuchs anwesend, der in diesem Zusammenhang eine Fotoserie über Kippenberger produzierte, die diesen in der Rolle des melancholischen Stummfilmkomikers Buster Keaton zeigt.[8]

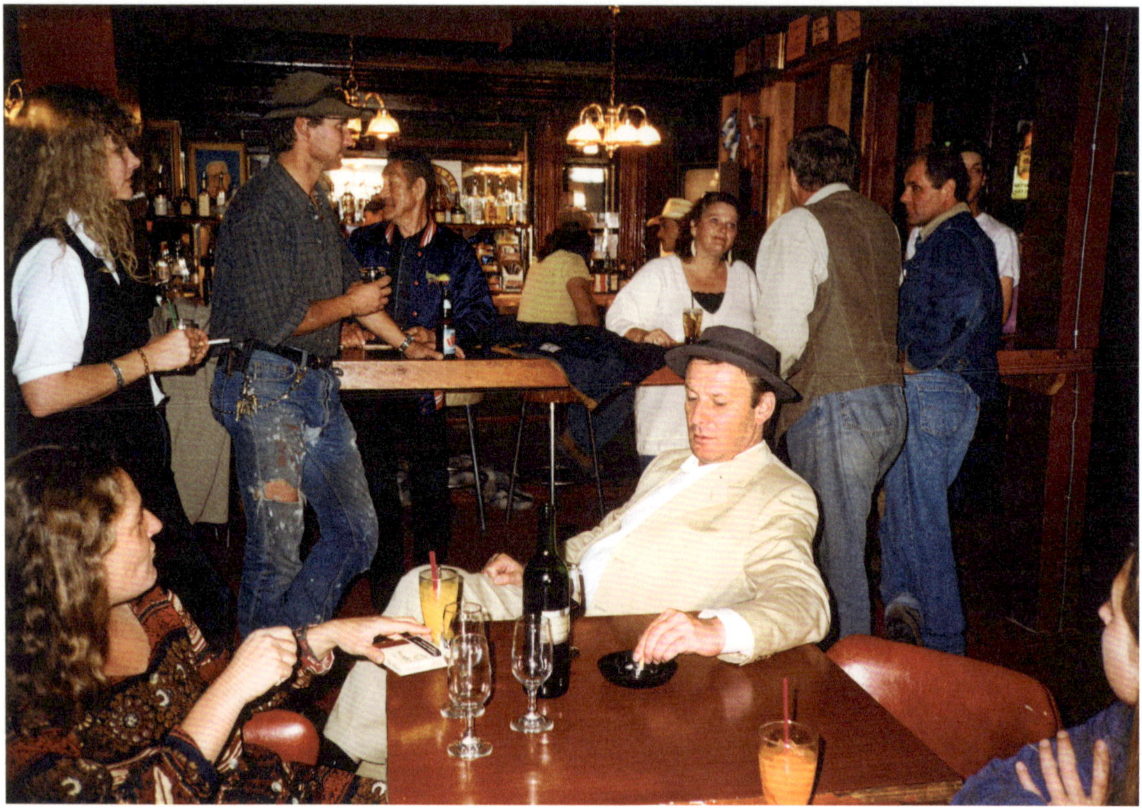

41

Abb. 41–42
**Albrecht Fuchs:
Martin Kippenberger,
Pit Bar, Dawson City,
1995/2020**

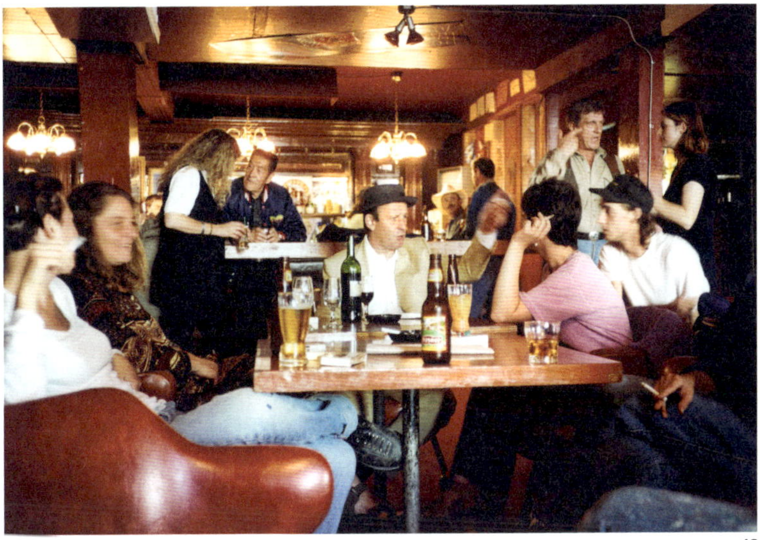

42

55 2009 wurde die Verbindung zwischen Dawson City und Syros eingestellt, als man den U-Bahn-Eingang in Kanada, vermutlich aus konservatorischen Gründen, demontierte. Der Wiederaufbau soll im Rose Art Museum bei Boston erfolgen, geplant war ursprünglich eine Aufstellung im Skulpturengarten des Seattle Art Museums.[9]

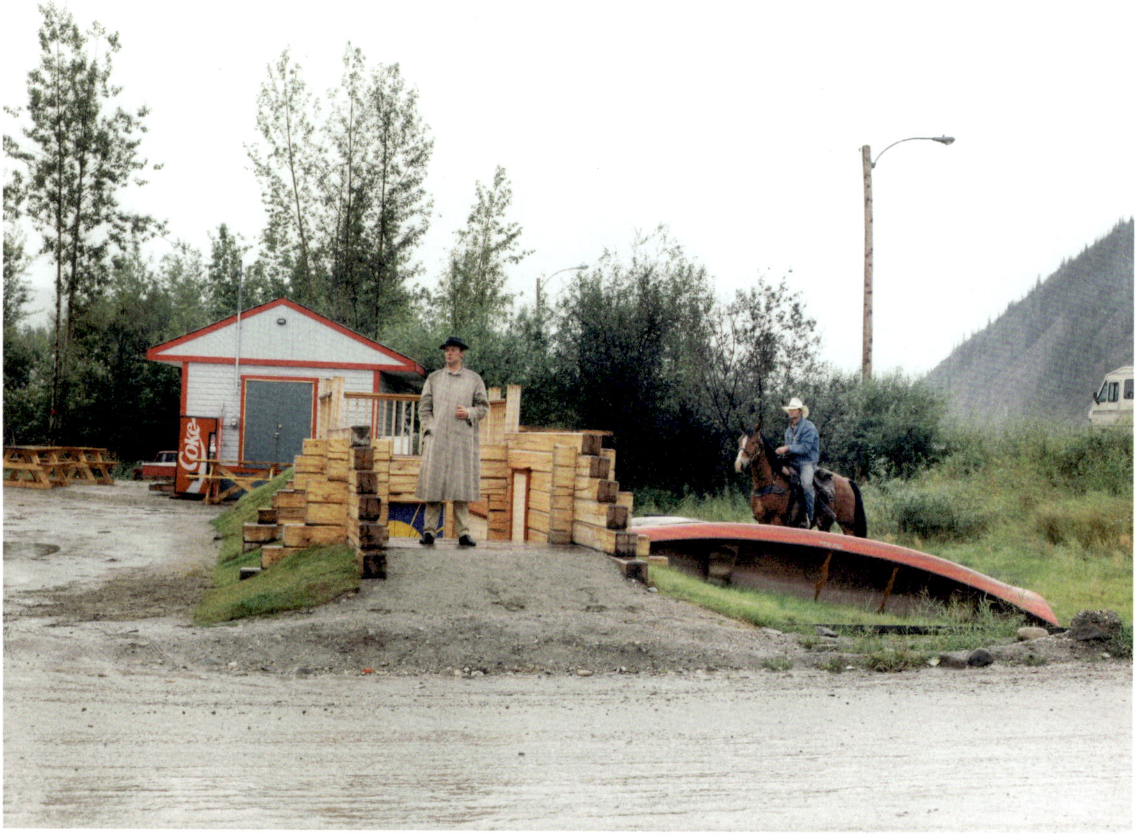

43

Abb. 43
**Albrecht Fuchs:
Martin Kippenberger,
Dawson City, 1995/2020**

METRO-NET WORLD CONNECTION

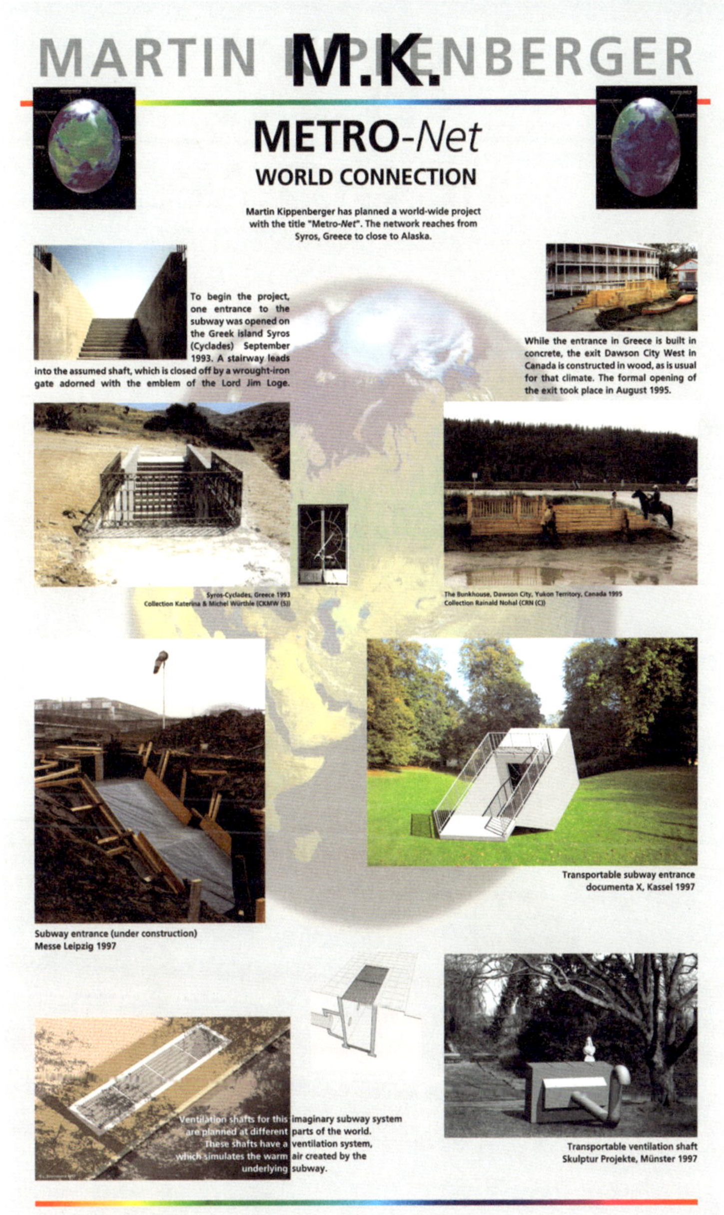

44

59 Kippenberger bezeichnete die Station in Syros ursprünglich als Eingang („Entrance to the Subway Station Lord Jim“) und die in Dawson City als Ausgang („Exit of the Underground Station Dawson City West“). Auch waren Formulierungen wie Metrostation oder schlicht U-Bahn-Eingang in der Anfangszeit gebräuchlich.[10] Ab 1995 setzte sich dann der Oberbegriff METRO-*Net* durch, was eine Öffnung des Konzepts implizierte, insofern nun ein potenzielles Netzwerk mit einer Vielzahl verbundener U-Bahn-Stationen denkbar wurde.[11]

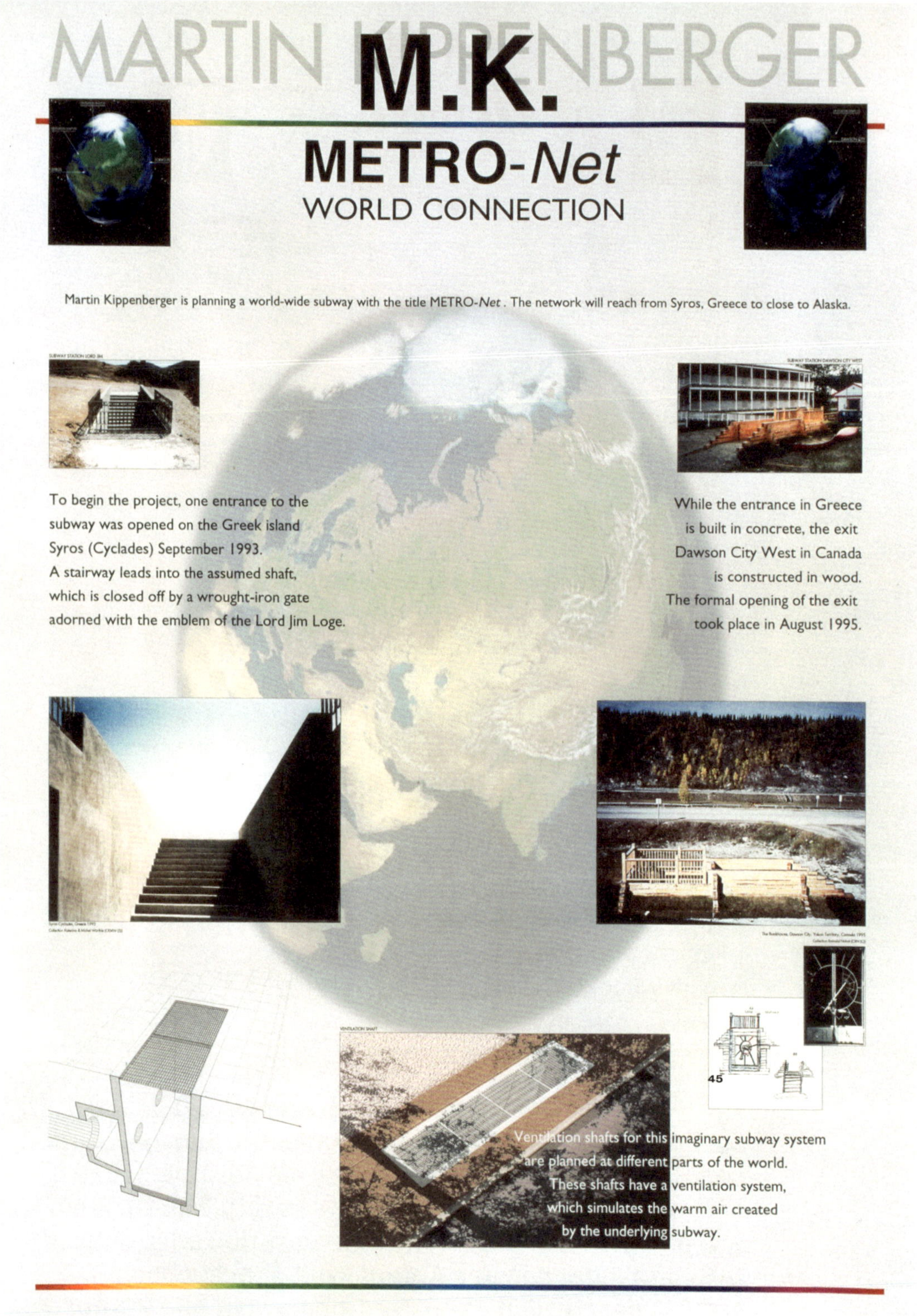

45

Abb. 44–45
Martin Kippenberger / Lukas Baumewerd: METRO-*Net*, Plakat, 1997 u. 1995

61 Die Auftaktverbindung Syros – Dawson City war noch ein familiäres Unternehmen gewesen, das auf den Privatgrundstücken von Freunden Kippenbergers realisiert wurde. Mit METRO-*Net* sollte dann als eine Art internationaler Werktitel ein größerer Bekanntheitsgrad erzielt werden.

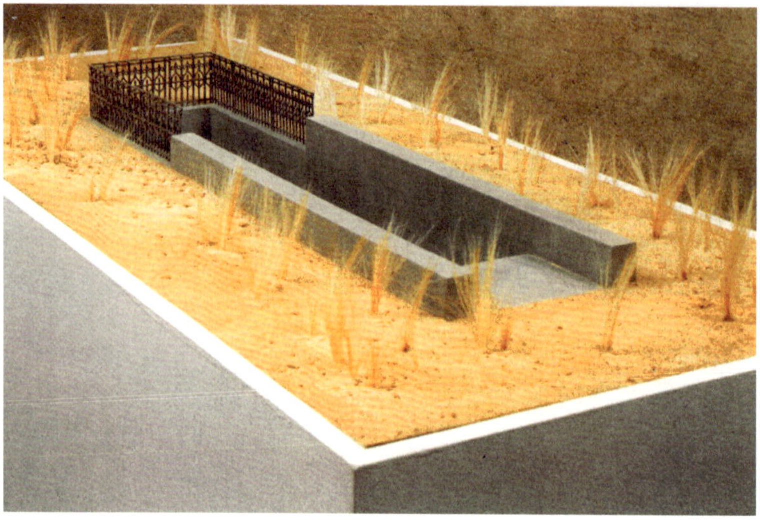

46

Abb. 46
Martin Kippenberger: METRO-*Net*, U-Bahn-Eingang Syros (Modell), 1998

Abb. 47
Martin Kippenberger: METRO-*Net*, U-Bahn-Eingang Dawson City (Modell), 1996

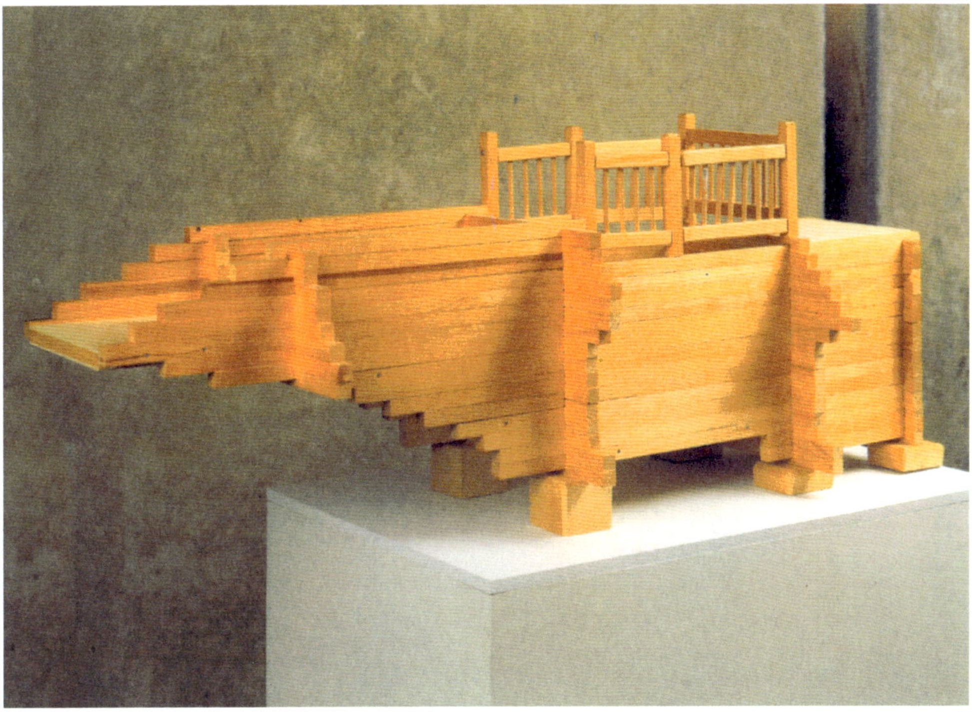

47

63 Vielleicht entwarf Kippenberger aus diesem Grund zusammen mit dem Kölner Architekten Lukas Baumewerd 1995 ein „Informations“-Plakat, auf dem die bislang realisierten Stationen Syros und Dawson City sowie ein in der Entwicklung befindlicher Lüftungsschacht mit kurzen Erklärungstexten in englischer Sprache vor einem Kippenberger’schen „Weltei“ abgebildet waren. 1997 wurde dieses Plakat mit weiteren Abbildungen von geplanten U-Bahn-Eingängen aktualisiert.

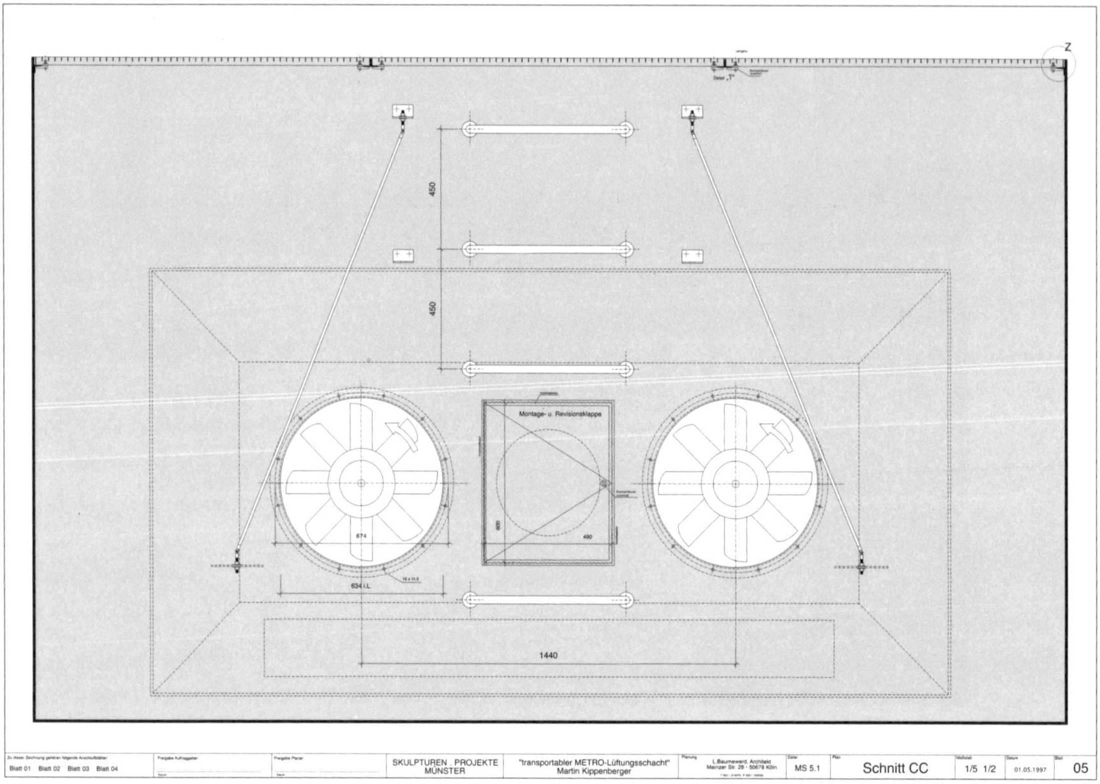

48

Abb. 48
Lukas Baumewerd: Martin Kippenberger, METRO-*Net*, Transportabler Lüftungsschacht, Skulptur Projekte Münster, 1997/2021

Abb. 49
Martin Kippenberger: METRO-*Net*, Transportabler Lüftungsschacht (Modell), 1997

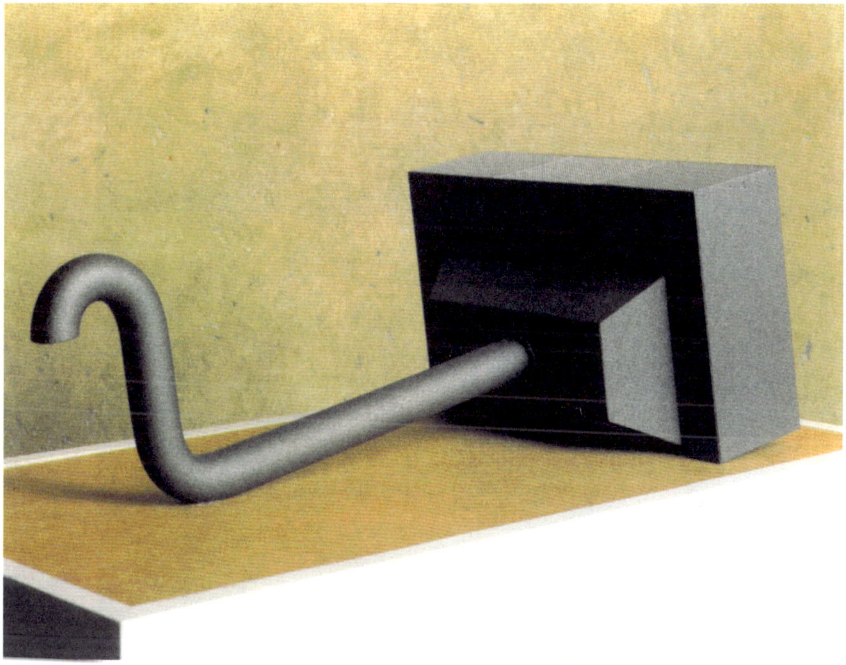

49

65 Das beworbene Produkt METRO-*Net* erhielt den ergänzenden Slogan „World Connection“. Die später entstandenen Architekturmodelle, die Freunde und Assistenten unabhängig von Kippenberger anfertigten,[12] wirken in diesem Zusammenhang wie Marketingmaßnahmen zur Produktpräsentation.

Abb. 50
Martin Kippenberger:
METRO-*Net*,
U-Bahn-Eingang Leipzig
(Modell), 1998

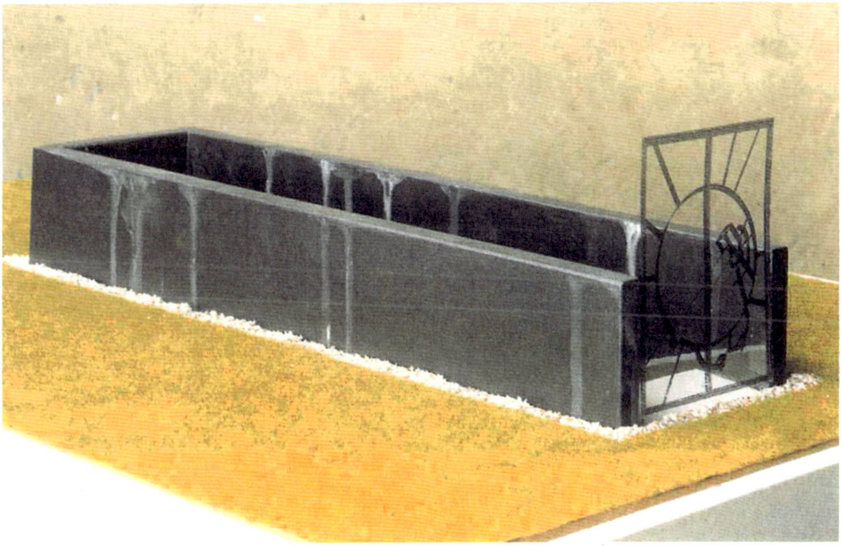

50

67 Der Erfolg ließ nicht lange auf sich warten. Spätestens 1995 traten gleich drei institutionelle Auftraggeber an Kippenberger heran, die Leipziger Messeleitung und die Ausstellungsleitungen für die 1997 geplanten Weltkunstveranstaltungen documenta X in Kassel und Skulptur Projekte Münster.

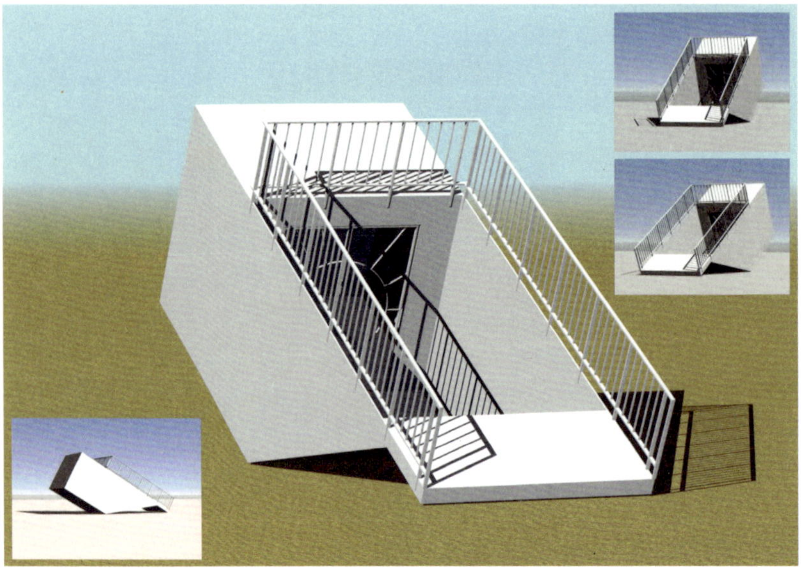

51

Abb. 51
Lukas Baumewerd: Martin Kippenberger, METRO-*Net*, Transportabler U-Bahn-Eingang, documenta 1997 – 2. Fassung (auf der Wiese), 1997/ 2021

Abb. 52
Lukas Baumewerd: Martin Kippenberger, METRO-*Net*, Transportabler U-Bahn-Eingang, documenta 1997 – 1. Fassung (schwimmend), 1997/ 2021

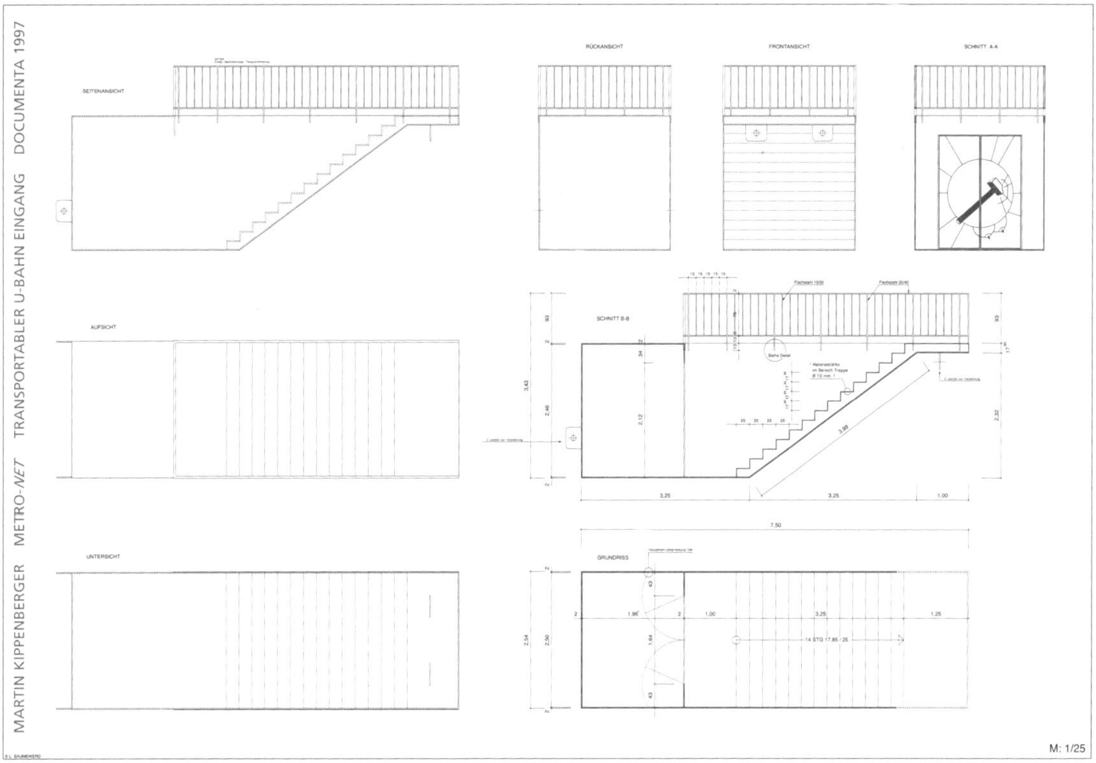

52

69 Kippenberger lieferte fristgerecht je einen U-Bahn-Eingang für Kassel und Leipzig und einen Lüftungsschacht für Münster. Die Entwürfe, die Baumewerd zusammen mit Kippenberger – Zeichnungen von ihm sind nicht bekannt – mittels neuester CAD Architektursoftware entwickelte, weisen eine erschreckende Formökonomie auf, die für die Massenproduktion tauglich gewesen wäre und damit an das kostenorientierte Denken eines Geschäftsmannes erinnert.[13]

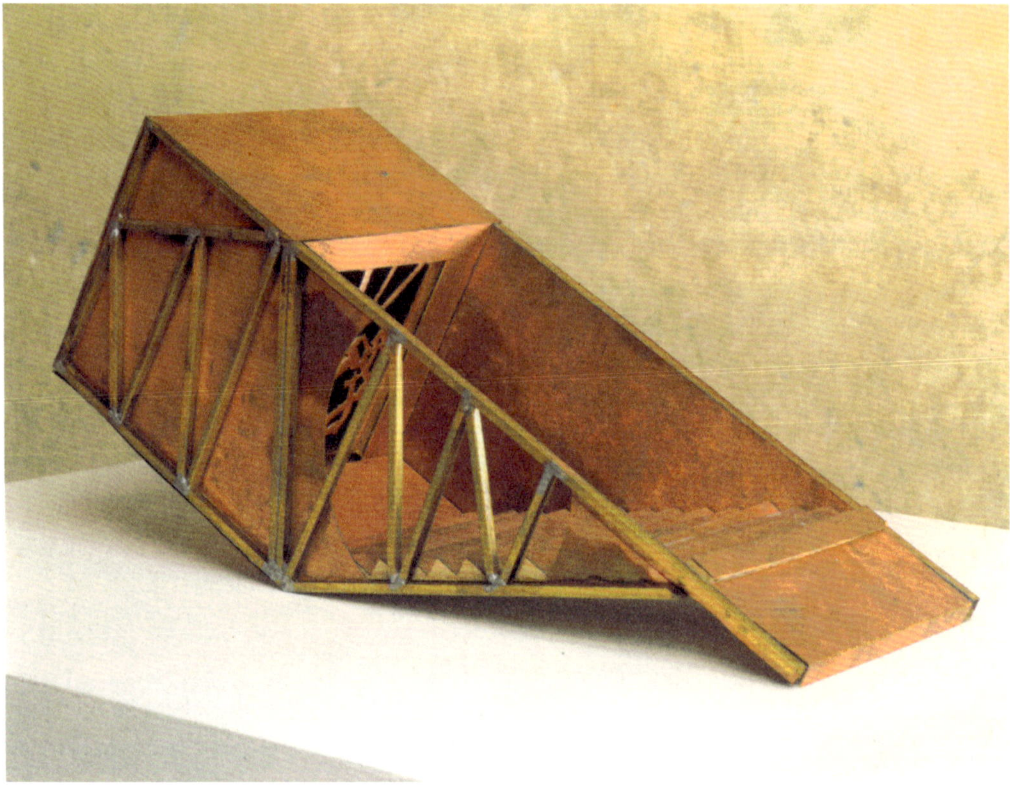

53

Abb. 53
Martin Kippenberger: METRO-*Net*, Transportabler U-Bahn-Eingang New York City (Modell), 1997

MÜNSTER

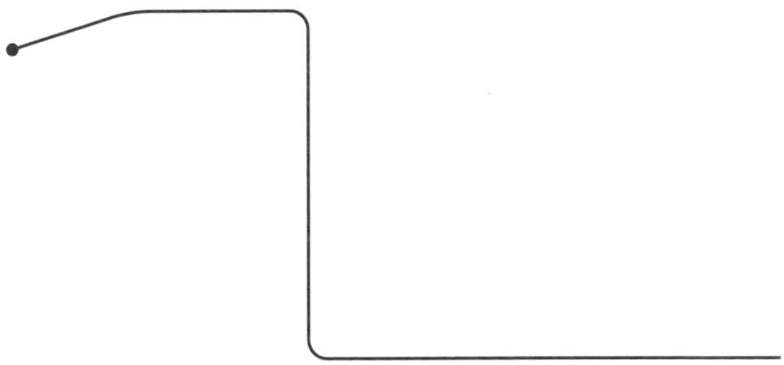

Daten
Eröffnung:
22. Juni 1997

Planungsbeginn:
1994

Baubeginn:
1. Hälfte 1997

Entwurf
Lukas Baumewerd

Material
Stahlblech

Standort
Sammlung Grässlin, St. Georgen

Maße
Lüftungsschacht:
250 cm (hoch) × 120 cm (breit) × 400 cm (tief)

Ansaugrohr ca.:
580 cm (lang) / ø 40 cm

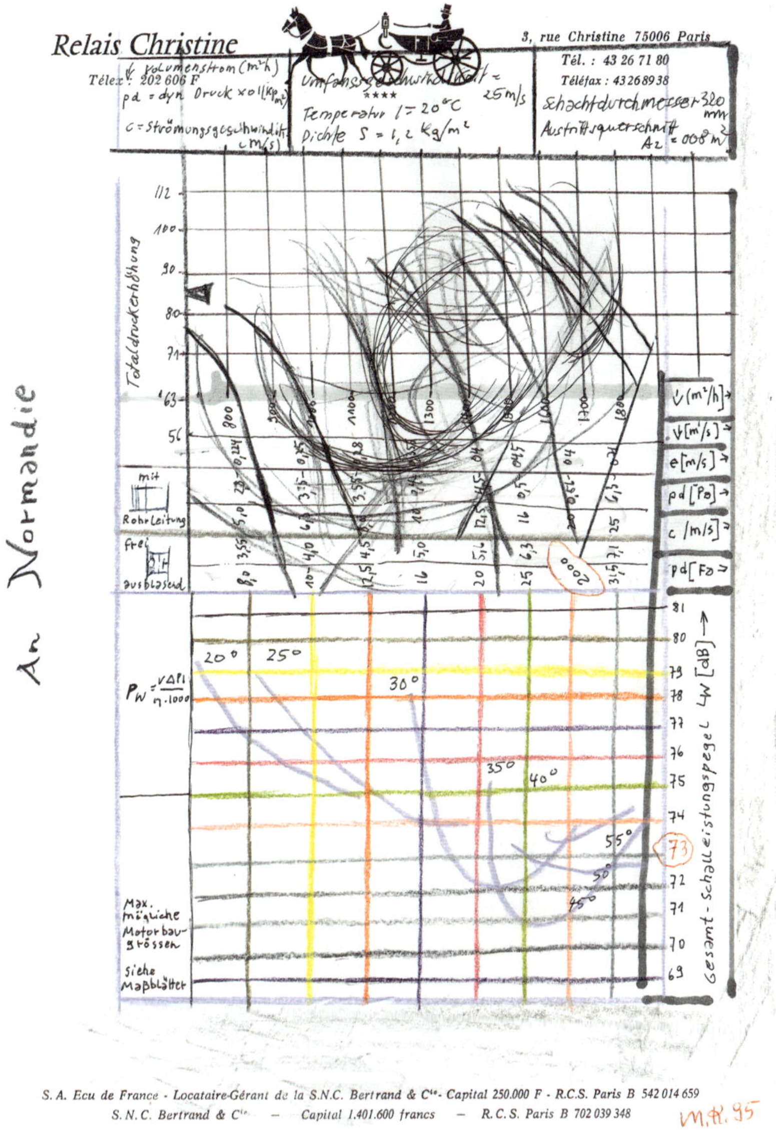

54

73 Mit der Projektrealisierung in Dawson City 1994 muss wahrscheinlich die Idee entstanden sein, dass für die Funktionstüchtigkeit dieser U-Bahn-Linie zwischen Griechenland und Kanada ein oder mehrere Lüftungsschächte zwingend notwendig seien. Als Installationsorte hatte Kippenberger die Normandie, wie es aus zwei Hotelzeichnungen hervorgeht, und, so die mündliche Überlieferung, Tokio und Massachusetts in Erwägung gezogen.[14]

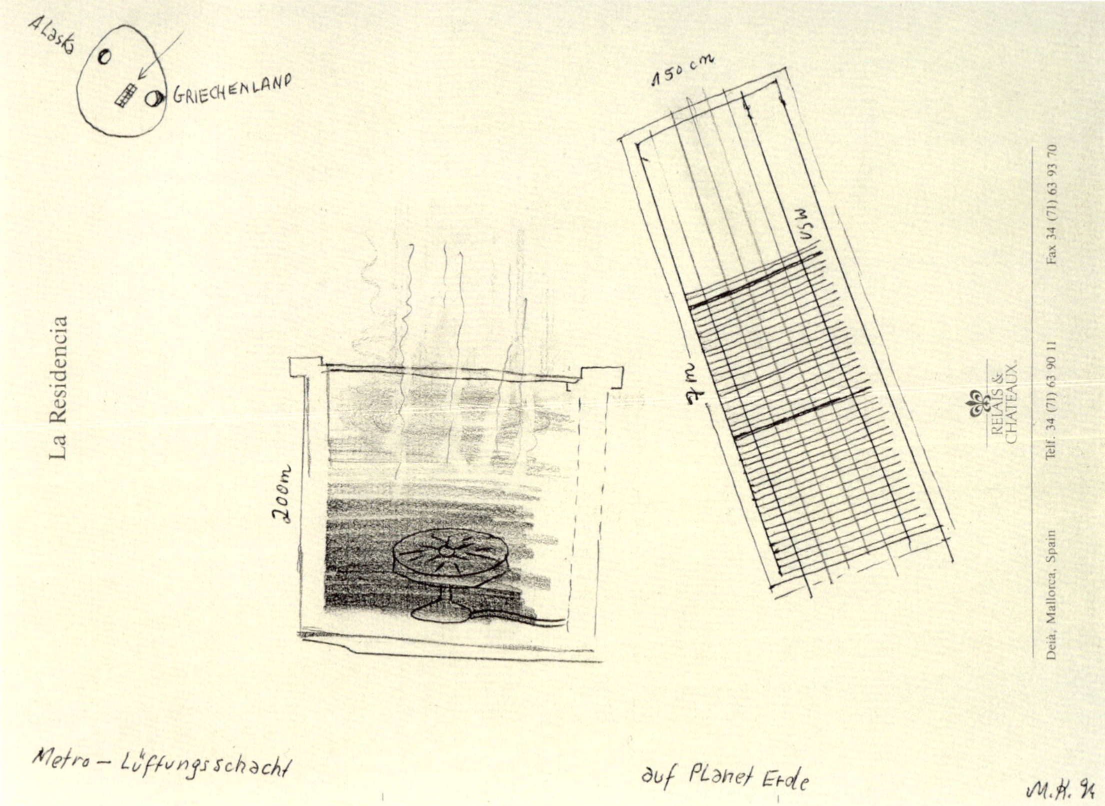

55

Abb. 54
Martin Kippenberger: Ohne Titel (Relais Christine), 1995

Abb. 55
Martin Kippenberger: Ohne Titel (La Residencia), 1994

Abb. 56
Martin Kippenberger: Ohne Titel (Seven Year Itch), 1995

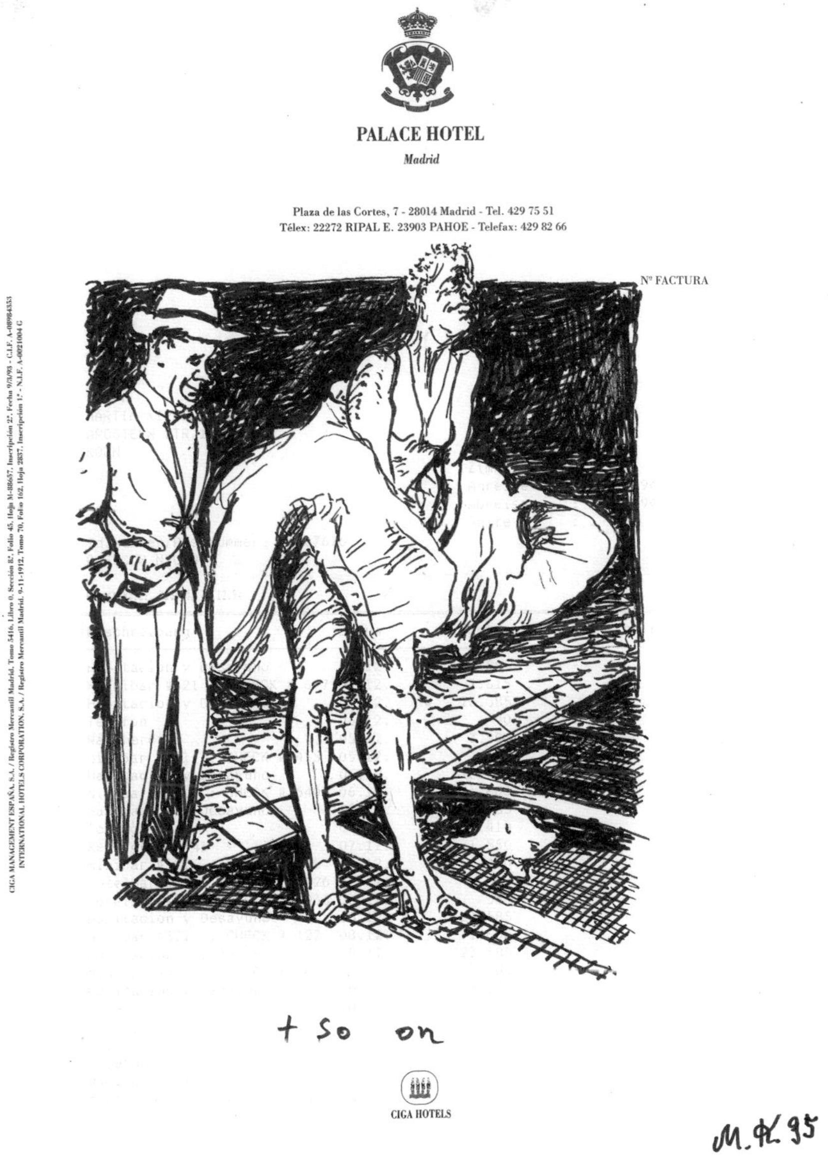

56

75 Mit dieser technisch äußerst anspruchsvollen Aufgabe beauftragte er spätestens 1995 Baumewerd. Auf Grundlage einer Hotelzeichnung von 1994 sollte er einen Lüftungsschacht entwickeln, der nach amerikanischem Vorbild in den Bürgersteigen eingelassen werden könnte. Ziel war es, durch mächtige Axialventilatoren, Ansaugdüsen und Motoren einen künstlichen Luftausstoß zu erzeugen, der an einen befahrenen U-Bahn-Tunnel erinnern und die Kraft haben sollte, Monroe-Röcke zum Tanzen zu bringen.[15]

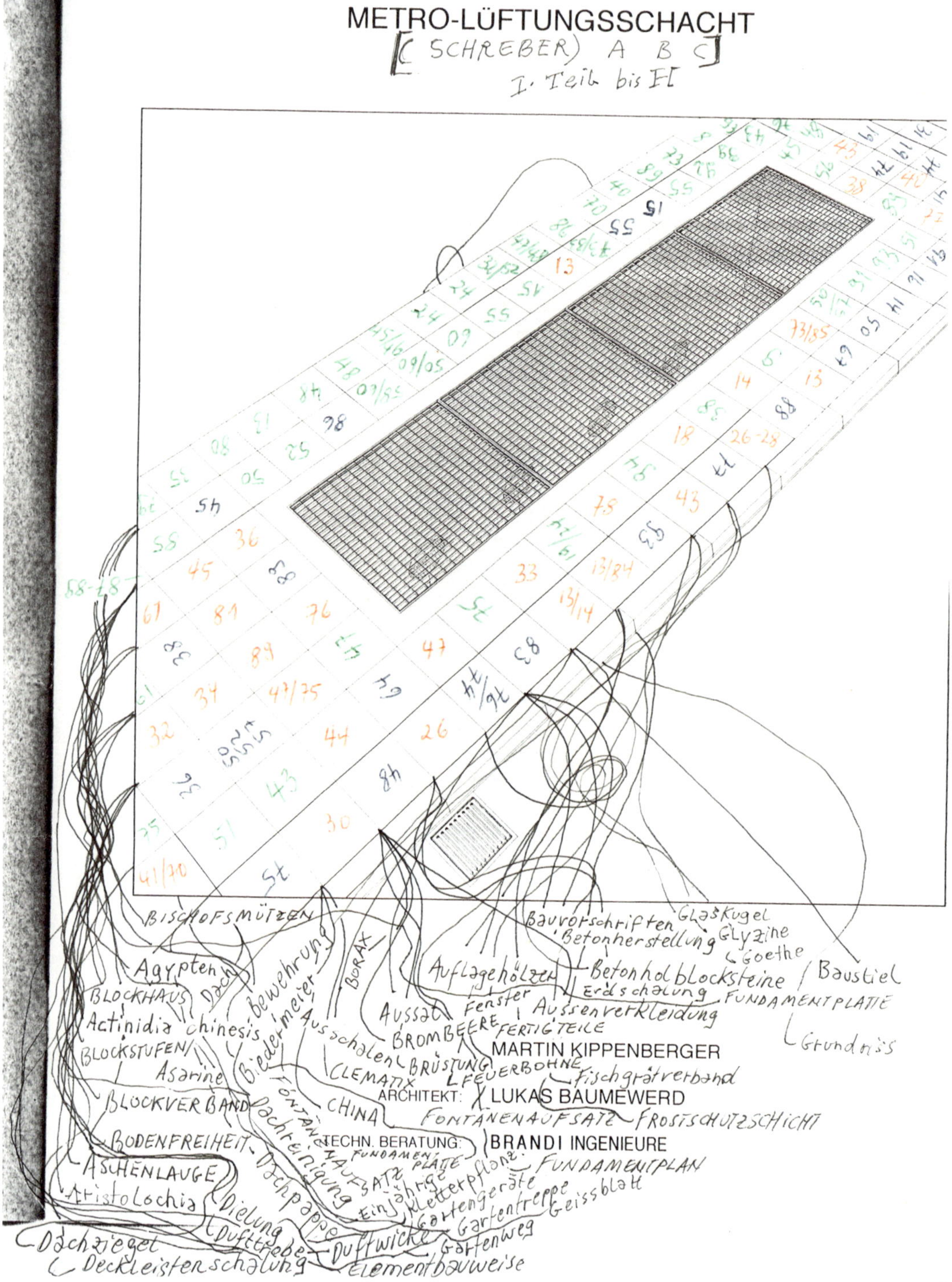

57

Abb. 57
Martin Kippenberger: Ohne Titel (Metro-Lüftungsschacht), nicht datiert (um 1995/96)

Abb. 58
Martin Kippenberger: Ohne Titel (Grundriss 1/50), 1995

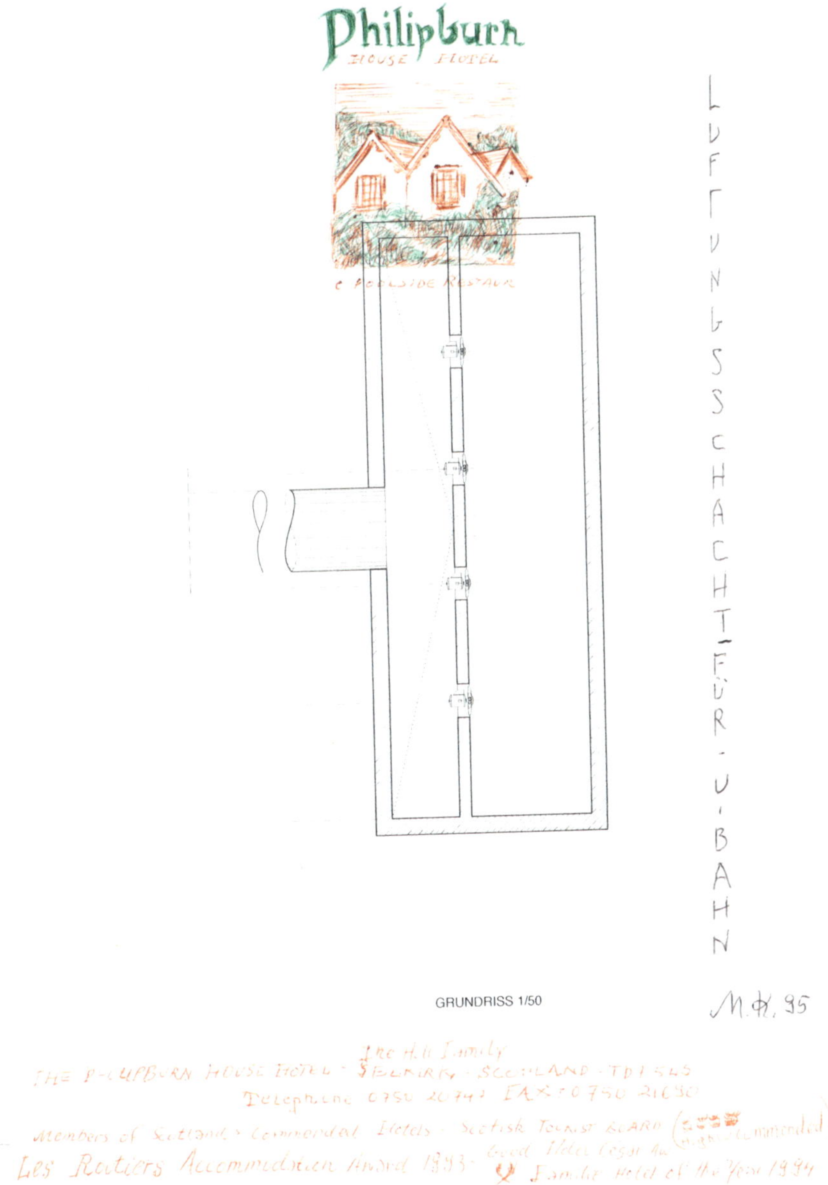

58

77 Inwieweit Kippenberger die komplizierten, am Computer erstellten Bauzeichnungen Baumewerds nachvollziehen konnte, bleibt ungewiss, aber sie müssen eine starke ästhetische Faszination auf ihn ausgeübt haben. Zwei Ausdrucke überzeichnete Kippenberger, wobei er einen sublim in eine Hotelzeichnung umwandelte.

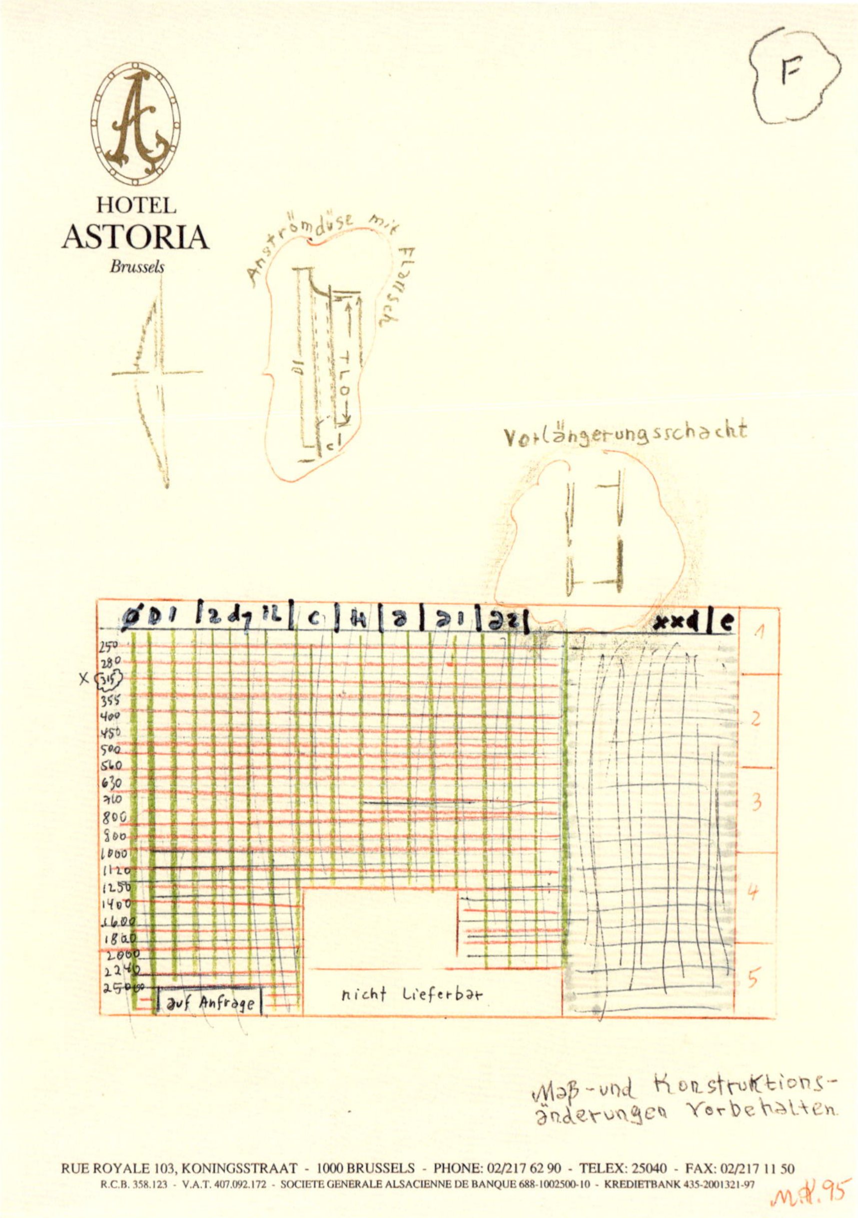

59

Abb. 59
Martin Kippenberger: Ohne Titel (Hotel Astoria, Brussels), 1995

Abb. 60
Martin Kippenberger: Ohne Titel (La Residencia), 1995

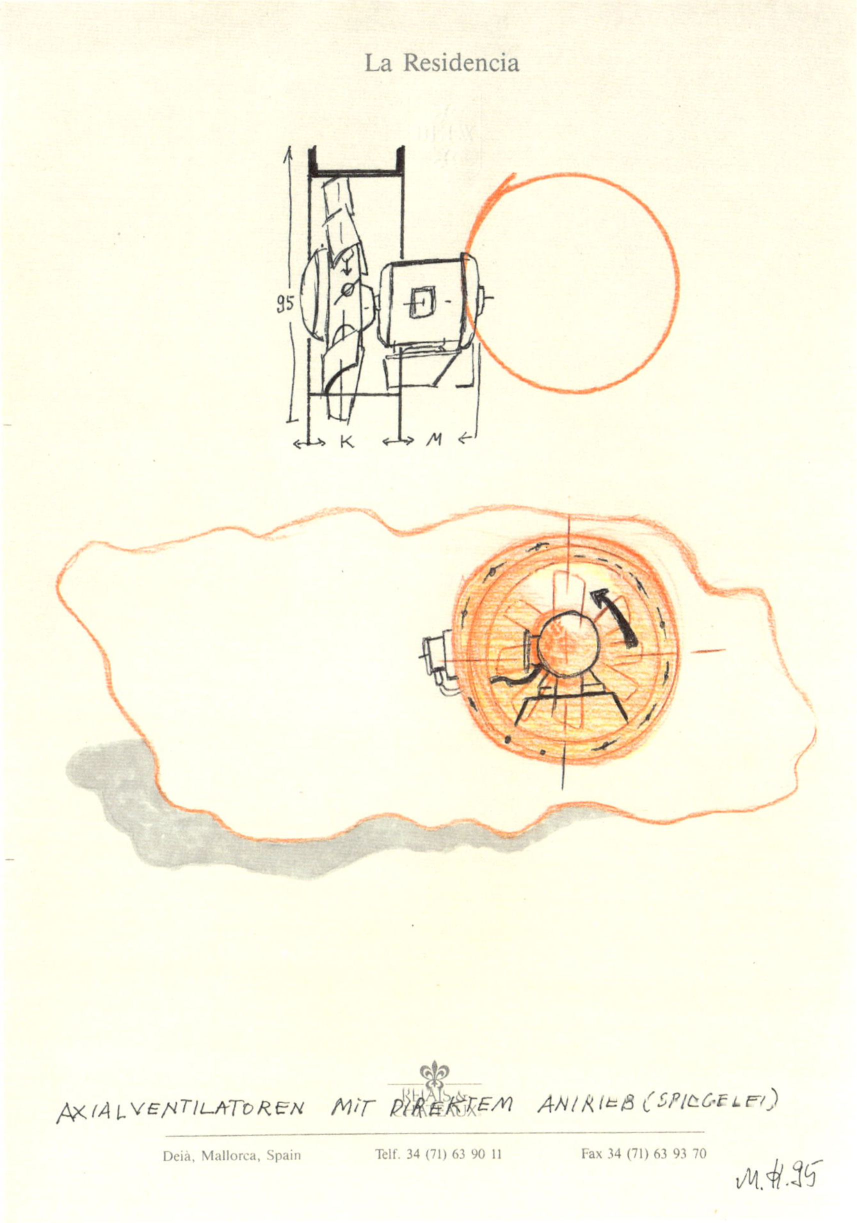

60

79 Für mindestens zwei weitere Hotelzeichnungen stellen die technischen Bauformen die Inspirationsquellen dar.

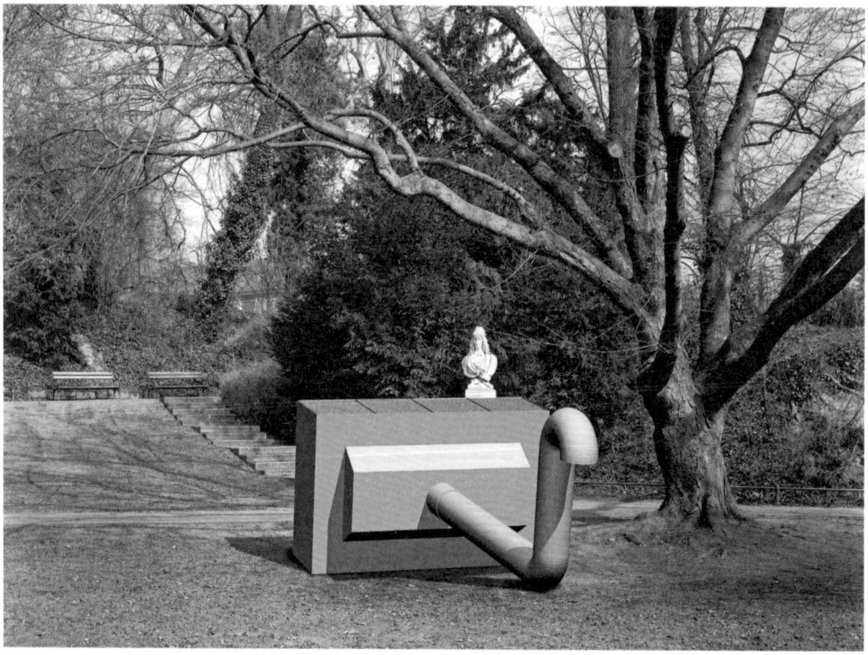

61

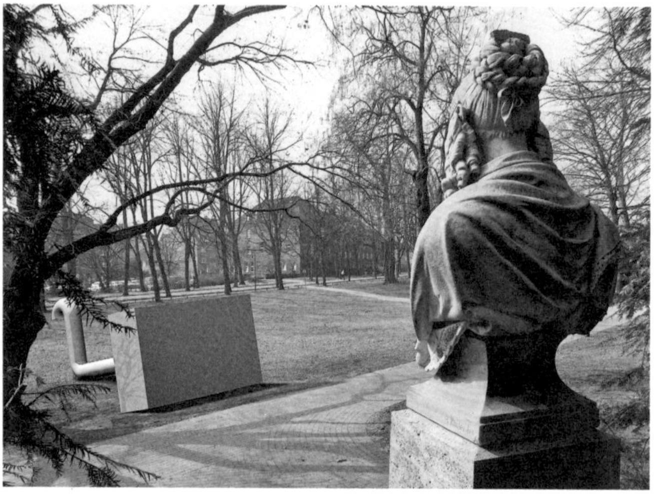

62

Abb. 61–62
Lukas Baumewerd: Martin Kippenberger, METRO-*Net*, Transportabler Lüftungsschacht, Skulptur Projekte Münster, 1997/2021

Abb. 63
Roman Mensing: Martin Kippenberger, METRO-*Net*, Transportabler Lüftungsschacht, Skulptur Projekte Münster, 1997/2021

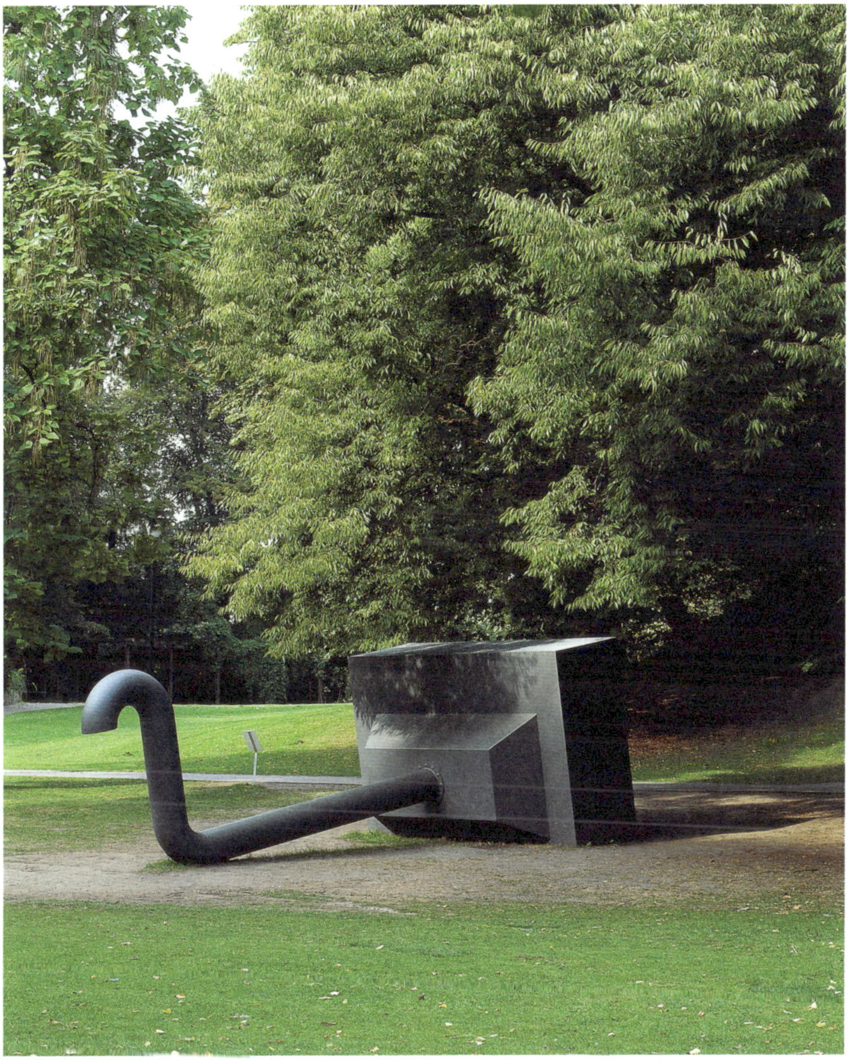

63

81 Nur wenige Monate nach seinem Tod im März 1997 konnte nach einer zweijährigen Entwicklungsphase der erste Prototyp anlässlich der dritten Skulptur Projekte Münster im Sommer erstmals der Öffentlichkeit vorgestellt werden. Die Aufstellung des mehrere Tonnen schweren aus Stahlblech angefertigten Kolosses geschah im begrünten ehemaligen Befestigungsring der Stadt in unmittelbarer Nähe zu einer Marmorbüste der Schriftstellerin Annette von Droste-Hülshoff.[16]

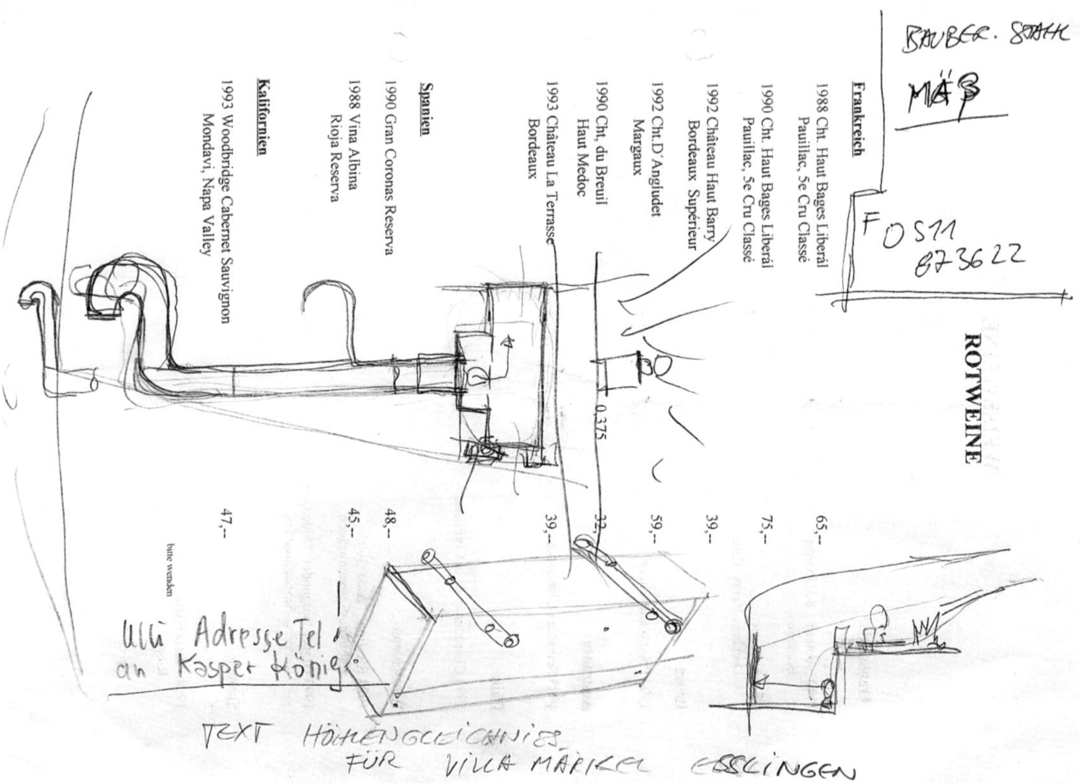

64

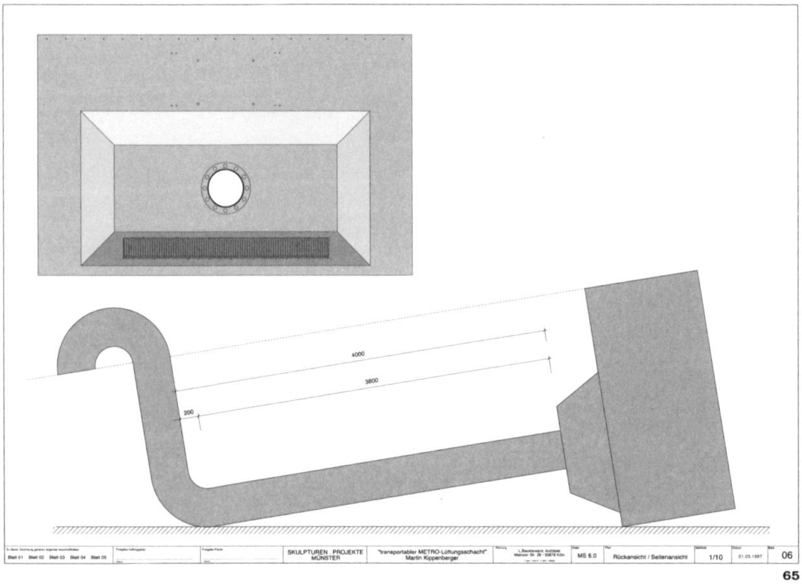

65

Abb. 64
Martin Kippenberger: Rotweine (Transportabler Lüftungsschacht für Skulptur Projekte Münster und Höhlengleichnis für Ausstellung Villa Merkel), um 1996

Abb. 65
Lukas Baumewerd: Martin Kippenberger, METRO-*Net*, Transportabler Lüftungsschacht, Skulptur Projekte Münster, 1997/2021

Abb. 66
Roman Mensing: Martin Kippenberger, METRO-*Net*, Transportabler Lüftungsschacht, Skulptur Projekte Münster, 1997

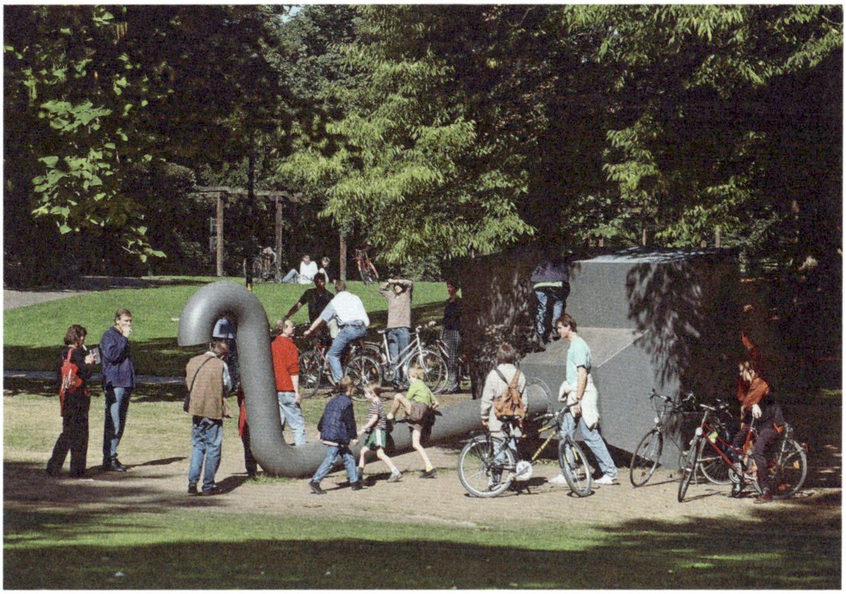

66

83 Dort wurde er – noch zu Lebzeiten vom Künstler autorisiert – zweckentfremdet als Freiluftskulptur präsentiert und nicht, wie zu erwarten, in den Boden eingelassen, so dass nur noch das zu betretende Gitterwerk sichtbar gewesen wäre.[17] Erstmals kam auch eine Soundinstallation mit U-Bahn-Geräuschen zum Einsatz. Es handelte sich hierbei um eine CD-ROM mit professionellen Geräuschaufnahmen, die Kippenberger von Baumewerd erhalten hatte.[18]

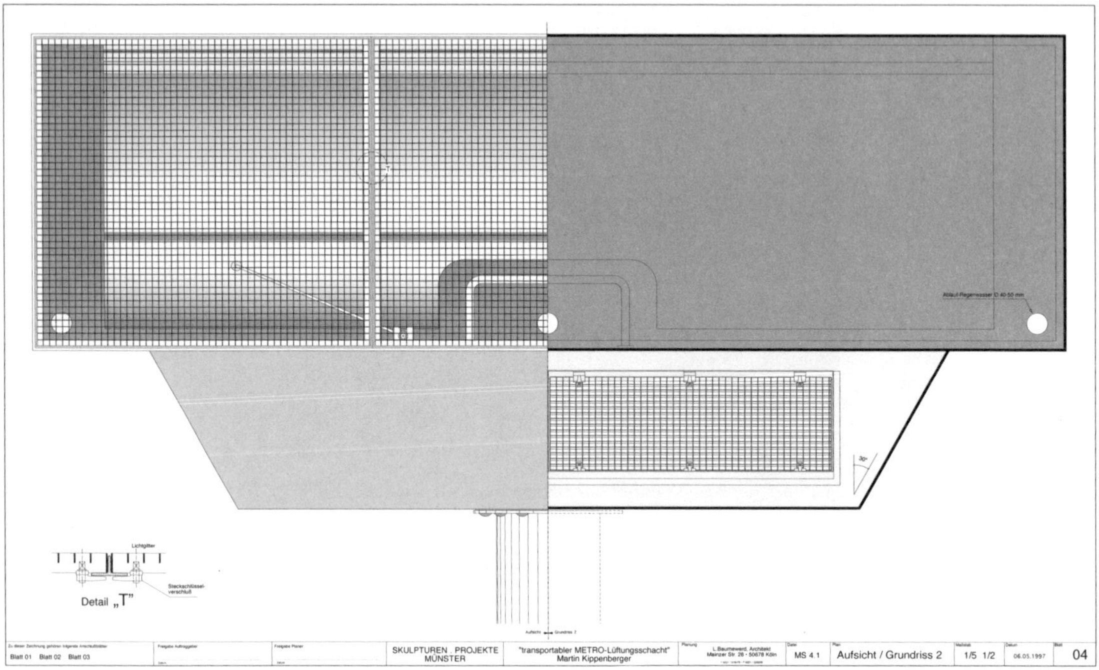

67

Abb. 67
Lukas Baumewerd: Martin Kippenberger, METRO-*Net*, Transportabler Lüftungsschacht, Skulptur Projekte Münster, 1997/2021

Abb. 68
Martin Kippenberger, METRO-*Net*, Transportabler Lüftungsschacht, MAK Center for Art and Architecture, Schindler House, Los Angeles, 1998

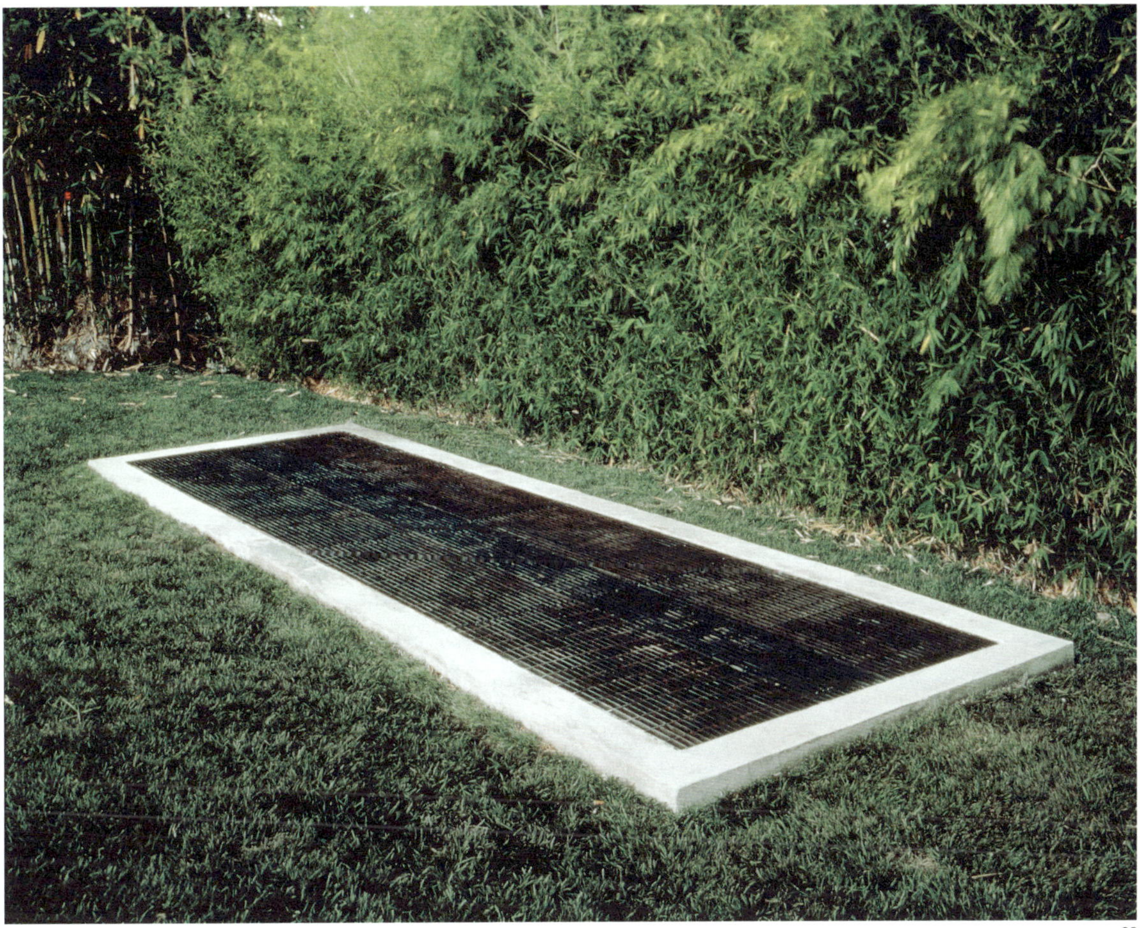

68

85 In ihrer wahren Bestimmung als versenkbare Bodenarbeiten wurden Lüftungsschächte erst postum nach den Originalplänen Baumewerds zu Ausstellungszwecken temporär verwirklicht: Der für Tokio geplante Lüftungsschacht wurde 1998 in Los Angeles im Garten des Schindler House installiert, einer Dependance des Wiener Museums für angewandte Kunst (MAK); und zuletzt anlässlich der 50. Venedig Biennale 2003 im Deutschen Pavillon, wo Kippenberger zusammen mit der Fotografin Candida Höfer ausgestellt wurde.[19]

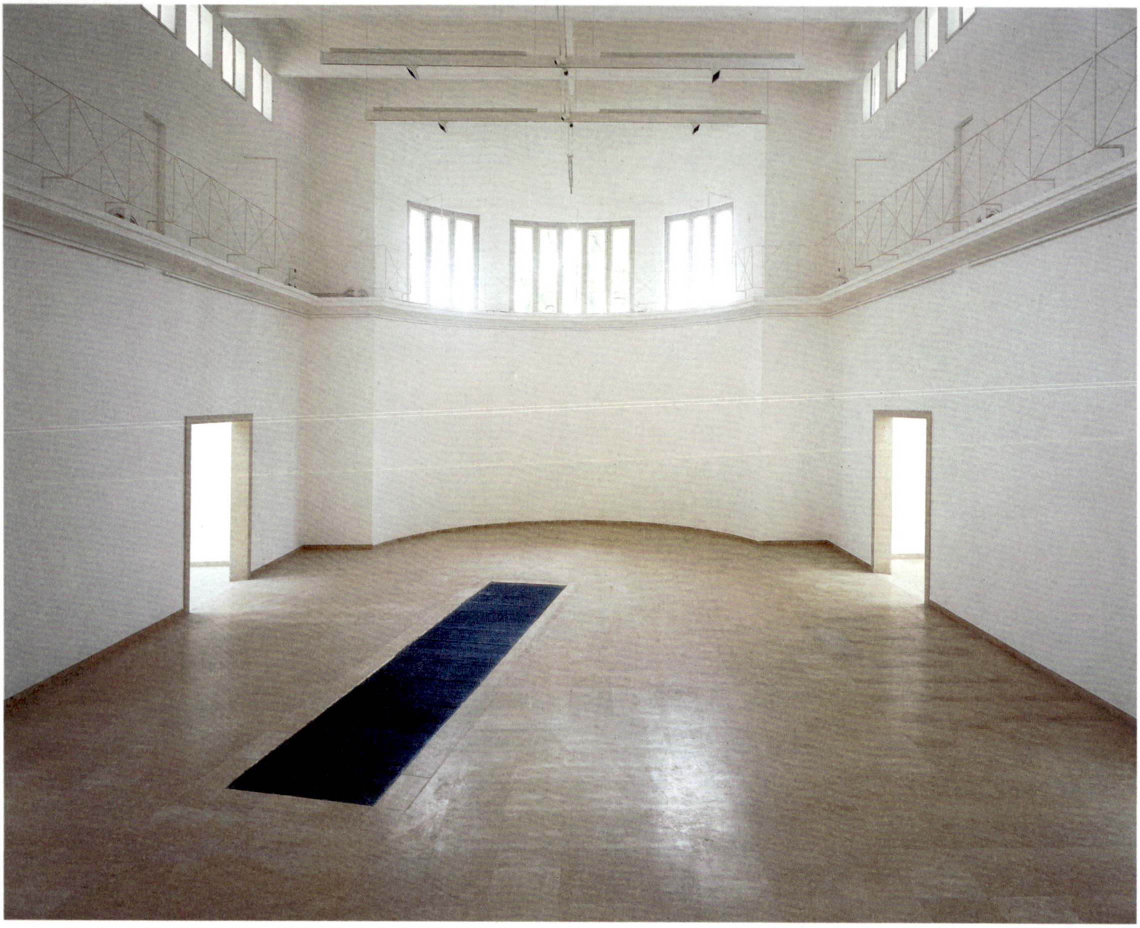

69

Abb. 69
Nic Tenwiggenhorn: Martin Kippenberger, METRO-*Net*, Lüftungsschacht, Deutscher Pavillon, Biennale di Venezia, 2003

Abb. 70
Lukas Baumewerd: Martin Kippenberger, METRO-*Net*, Lüftungsschacht, Deutscher Pavillon, Biennale di Venezia (Detail), 2003/2021

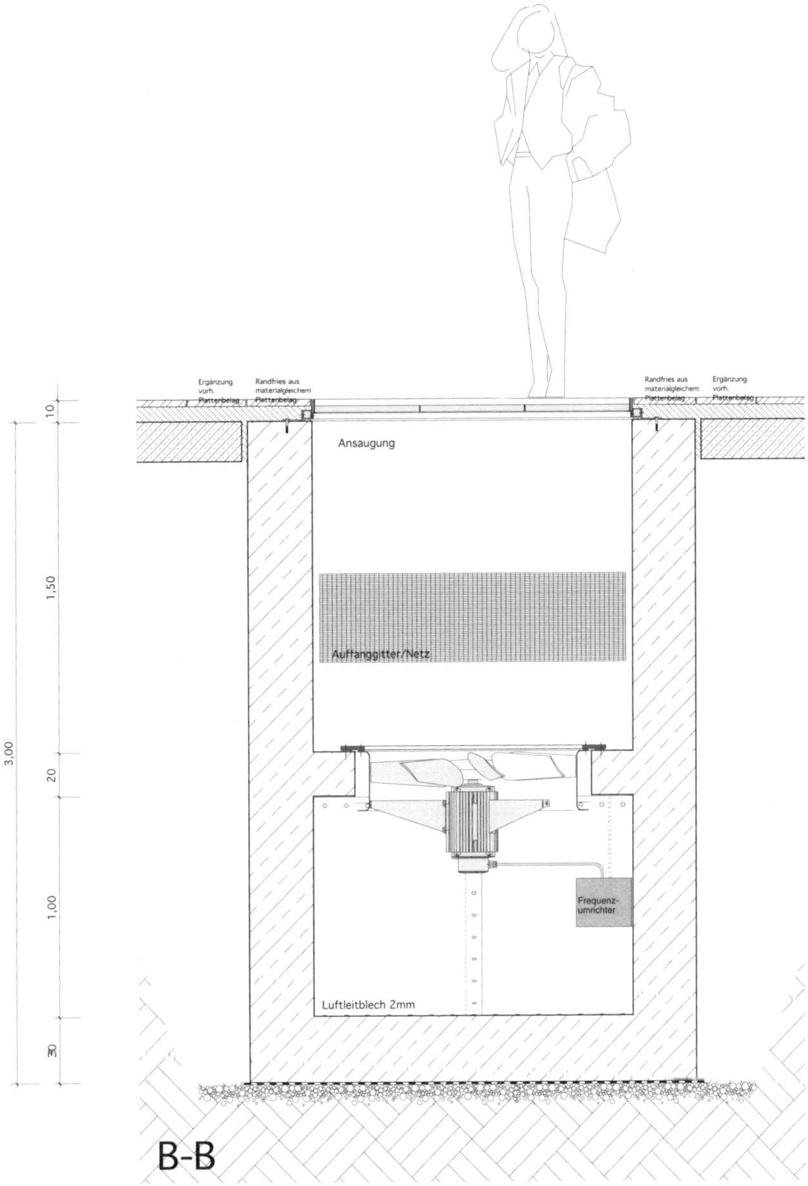

70

87

Die Arbeit aus Münster befindet sich heute als freiliegende Außenskulptur in der Sammlung Grässlin in St. Georgen im Schwarzwald.

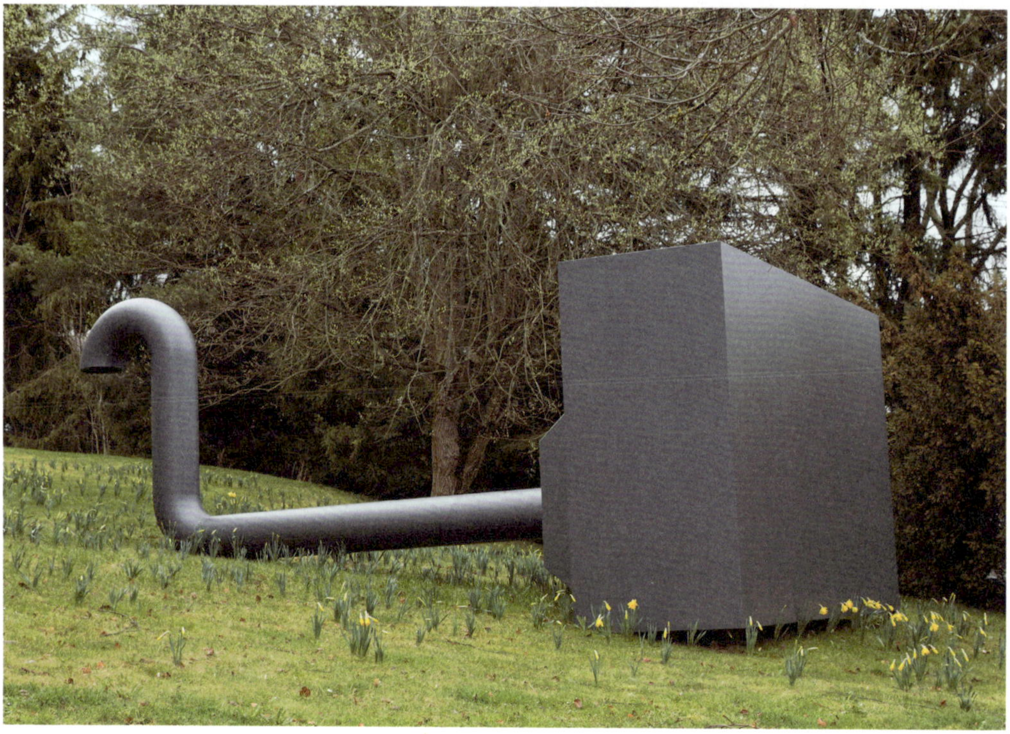

71

Abb. 71
Wolfgang Günzel: Martin Kippenberger, METRO-*Net*, Transportabler Lüftungsschacht, Kunstraum Grässlin, St. Georgen, nach 1997

LEIPZIG

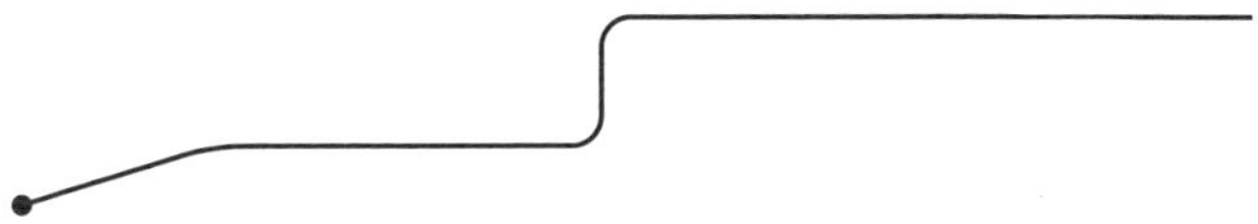

Daten
Eröffnung:
30. Mai 1997

Planungsbeginn:
Ende 1995

Baubeginn:
Ende Februar 1997

Entwurf
Lukas Baumewerd

Material
Beton, Eisen

Standort
in situ

Maße
Bauwerk:
530 cm (hoch)
[380 cm unter
und 150 cm über
der Erde] ×
1405 cm (breit) ×
260 cm (tief)

Gittertor:
262,5 cm (hoch) ×
200 cm (breit)

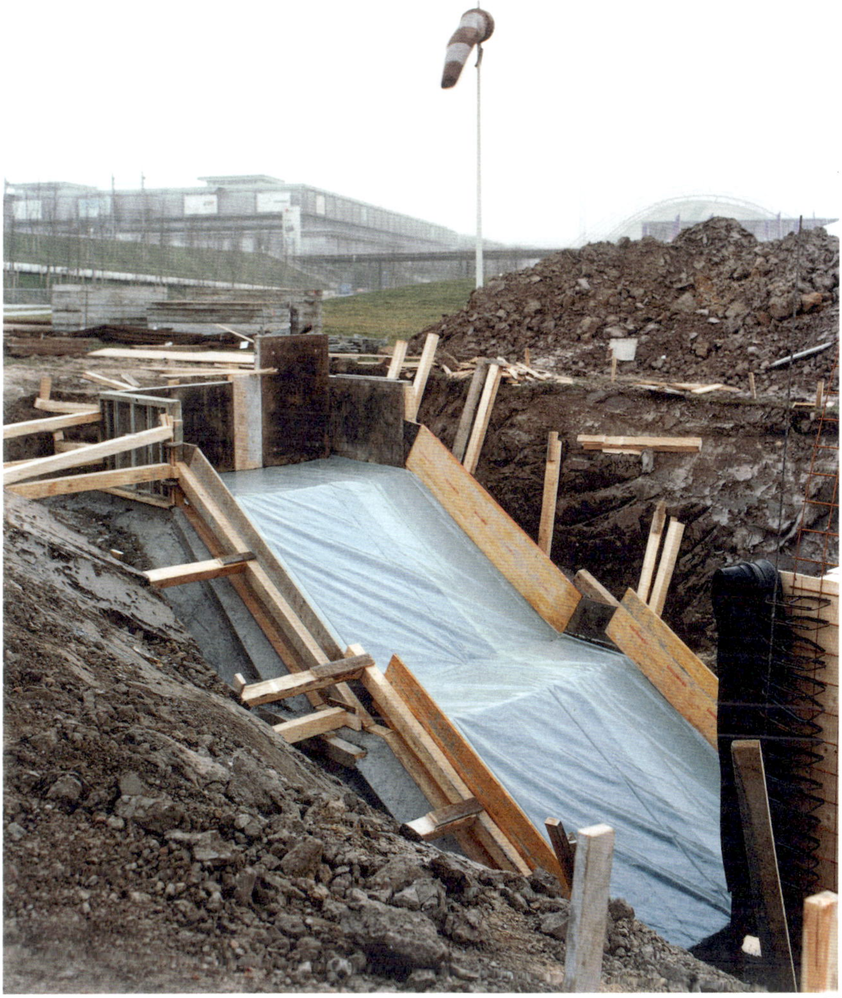

72

91 Die seit dem Mittelalter bestehende und innerstädtisch gelegene Leipziger Messe erhielt im Zuge der Deutschen Einheit ein neues, außerhalb der Stadt liegendes modernes Areal. Nach einer Bauzeit von knapp drei Jahren wurde die neue Leipziger Messe, die als eines der wichtigsten Investitionsprojekte zum Aufbau der neuen Bundesländer galt, am 12. April 1996 in der Nähe des alten Flughafens eröffnet.

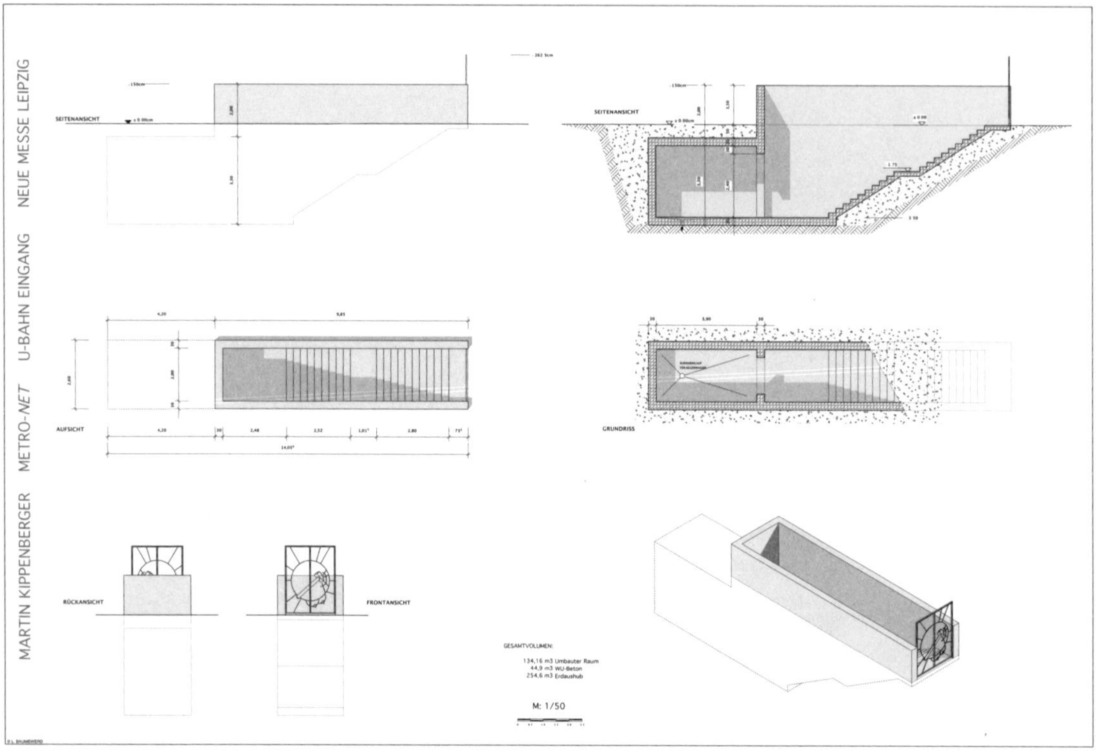

73

Abb. 72, 74–75
Albrecht Fuchs: Martin Kippenberger, METRO-*Net*, U-Bahn-Station Leipzig, Baustelle, 1997/2020

Abb. 73
Lukas Baumewerd: Martin Kippenberger, METRO-*Net*, U-Bahn-Eingang, Neue Messe Leipzig, 1997/2021

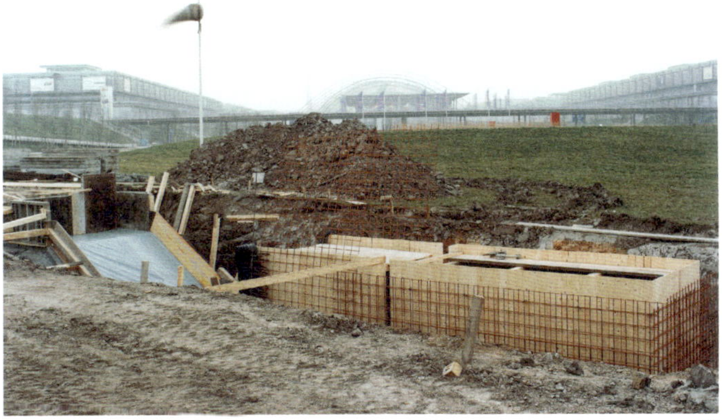

74

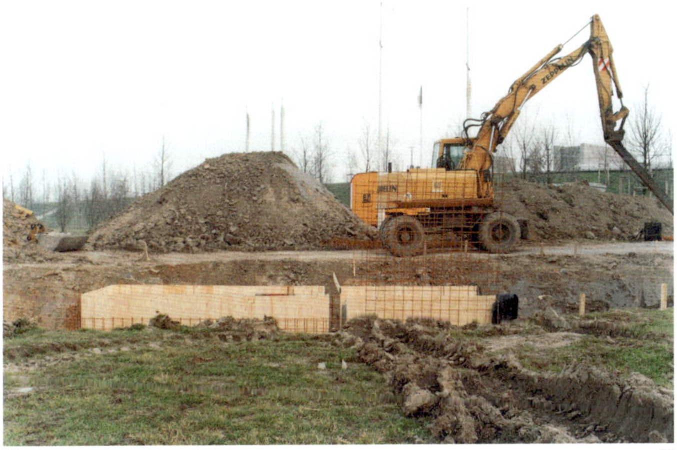

75

93 Bereits in der Planungsphase wurde seitens des Architekturbüros Gerkan, Marg und Partner der Wunsch geäußert, die Messehallen mit Kunst auszustatten. Doch statt Kunst am Bau konnte sich das Kuratorenteam, bestehend aus Brigitte Oetker, Christiane Maria Schneider und Mechthild von Dannenberg, mit der Idee durchsetzen, einen Skulpturenpark anzulegen. 1994 stand die Liste der einzuladenden Künstlerinnen und Künstler fest – darunter auch Kippenberger.

Abb. 76
Albrecht Fuchs: Martin Kippenberger, METRO-*Net*, U-Bahn-Station Leipzig, 1997/2020

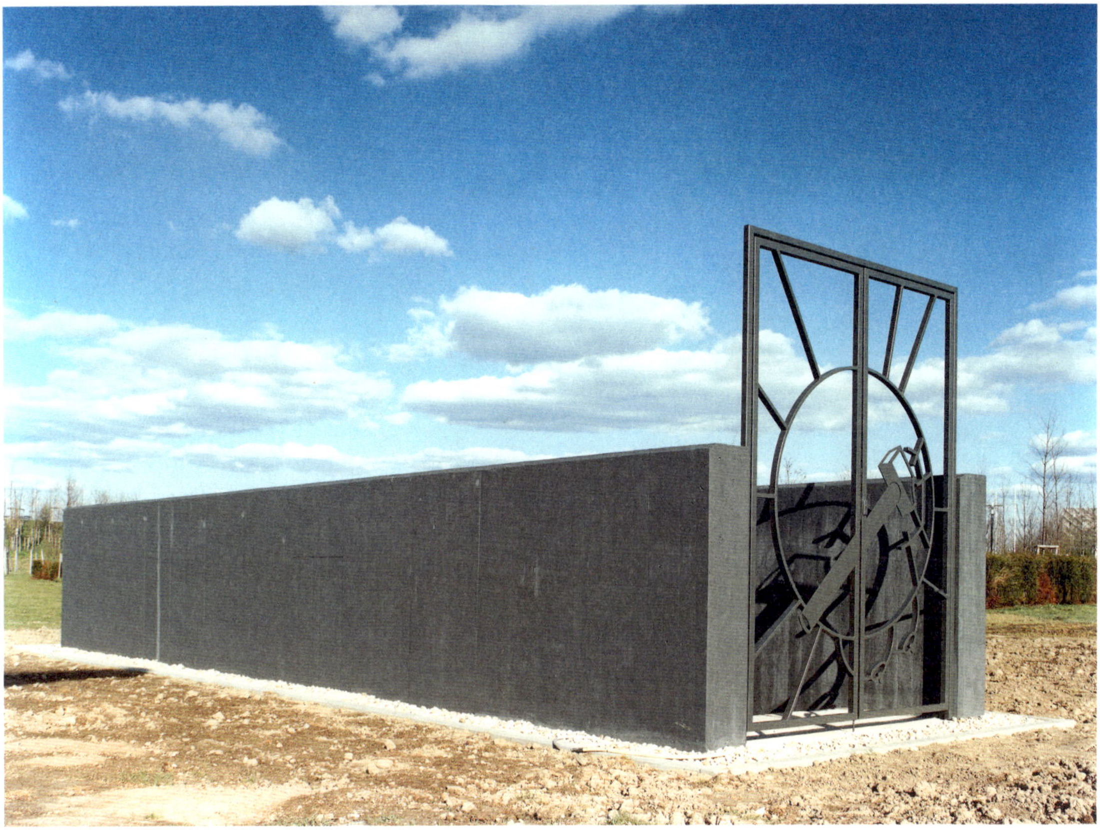

76

95 Ende 1995 reiste er zusammen mit Oetker nach Leipzig, um das Areal zu erkunden. Wohl spätestens mit diesem Besuch stand für Kippenberger fest, dass sein künstlerischer Beitrag der Bau eines dauerhaften U-Bahn-Eingangs sein sollte.[20] Diese Entscheidung konnten die Kuratorinnen zweifellos inhaltlich gut vertreten, da im METRO-*Net*-Projekt unverkennbar die Leitkriterien der Leipziger Messe – Internationalität, Kommunikation und Innovation – in überzeugender Weise gespiegelt wurden.[21]

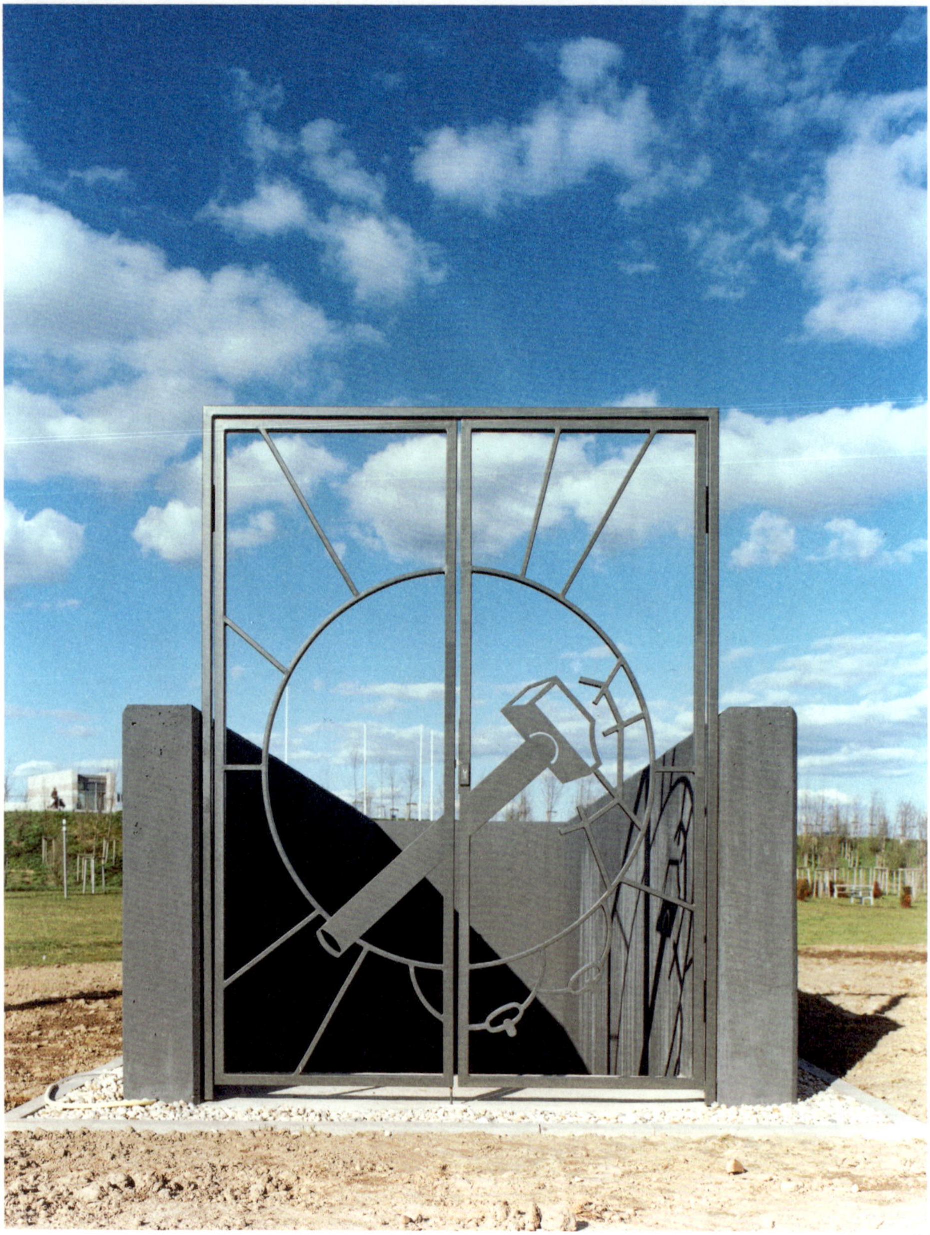

77

Abb. 77–78
Albrecht Fuchs: Martin Kippenberger, METRO-*Net*, U-Bahn-Station Leipzig, 1997/2020

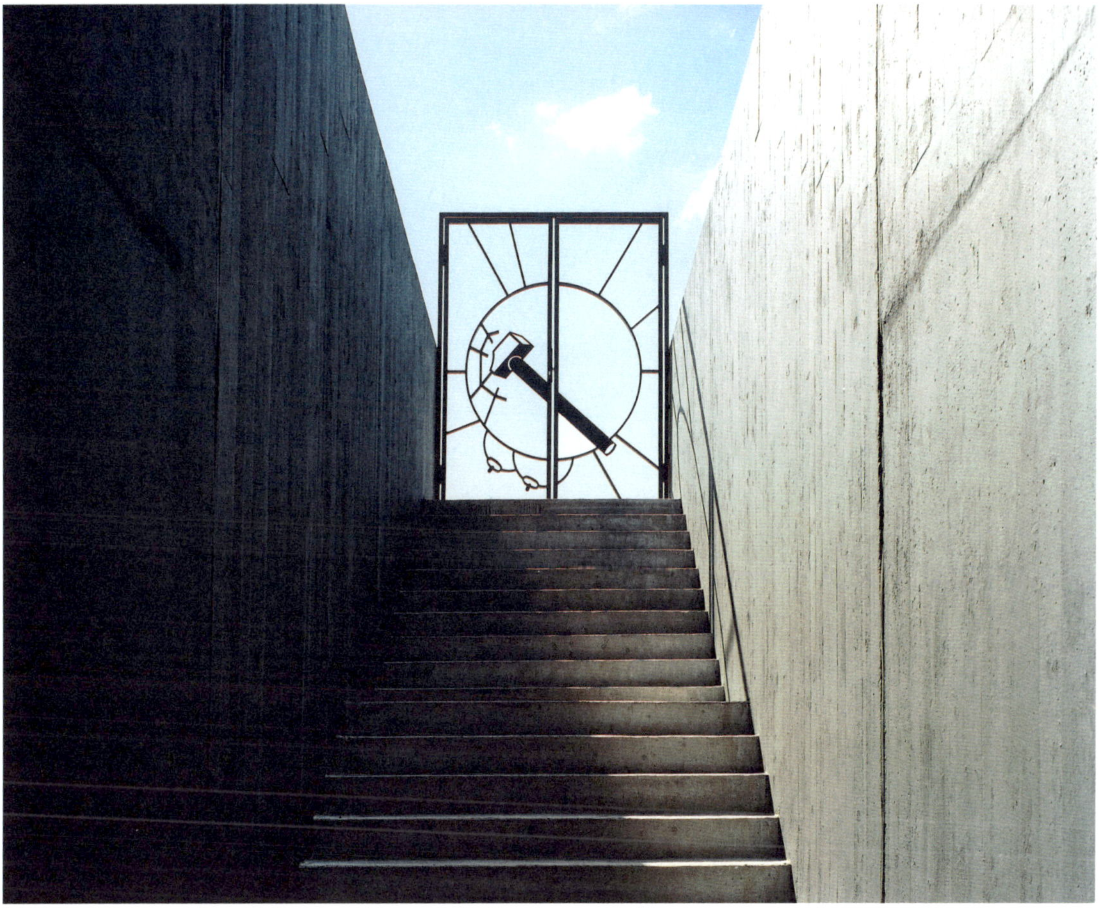

78

97 Inwieweit nun sein unpersönlicher U-Bahn-Eingang im Betongussverfahren – gebaut wurde von Ende Februar bis vermutlich Ende Mai 1997 – die Kunsterwartungen des Messevorstands erfüllte, darüber kann nur spekuliert werden. Zu konstatieren gilt, dass der nüchterne, wehrhaft wirkende Bau sich der postmodernen Glasarchitektur der Messehallen gut anpasst und mit dem in Sichtweite befindlichen Helikopter-Landeplatz ein unfreiwilliges Ensemble von Mobilitätsmöglichkeiten bildet.

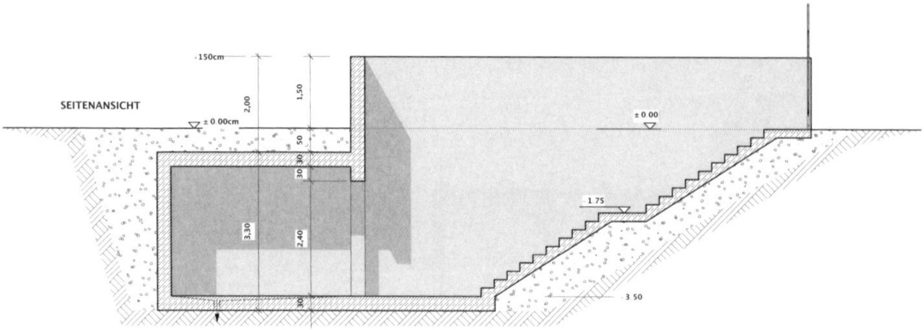

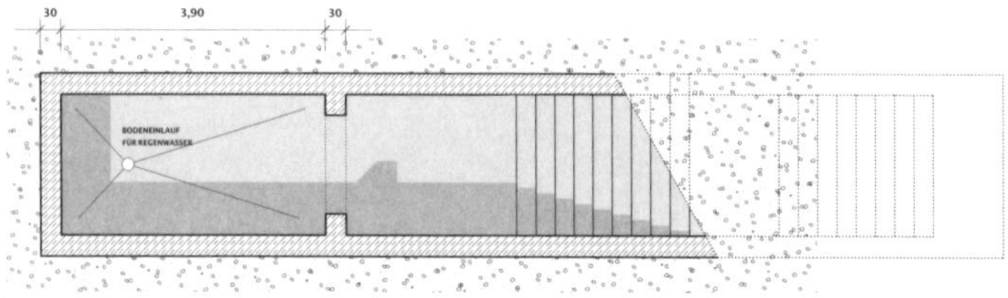

GRUNDRISS

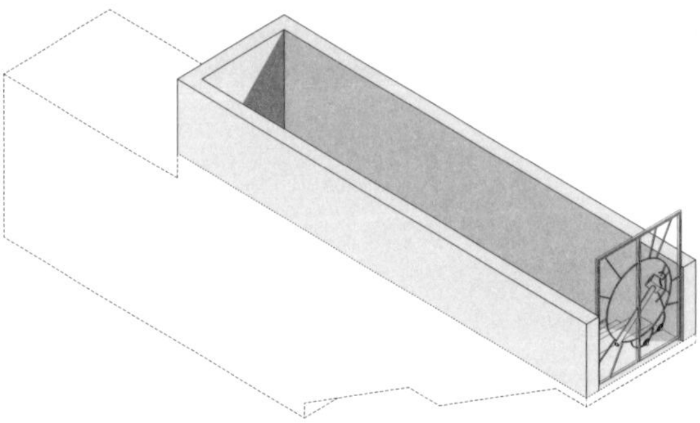

79

Abb. 79
Lukas Baumewerd: Martin Kippenberger, METRO-*Net*, U-Bahn-Eingang, Neue Messe Leipzig (Detail), 1997/2021

Abb. 80–81
Elfie Semotan: Martin Kippenberger, METRO-*Net*, U-Bahn-Eingang im Messepark der Leipziger Messe, 2019/2021

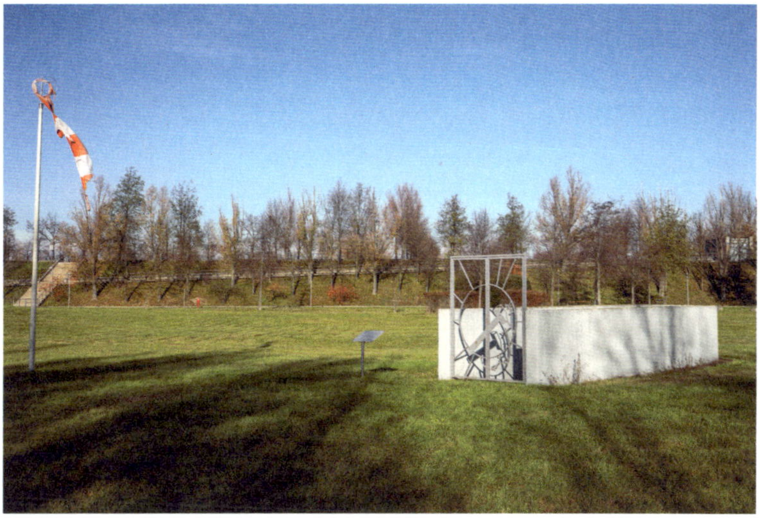

80

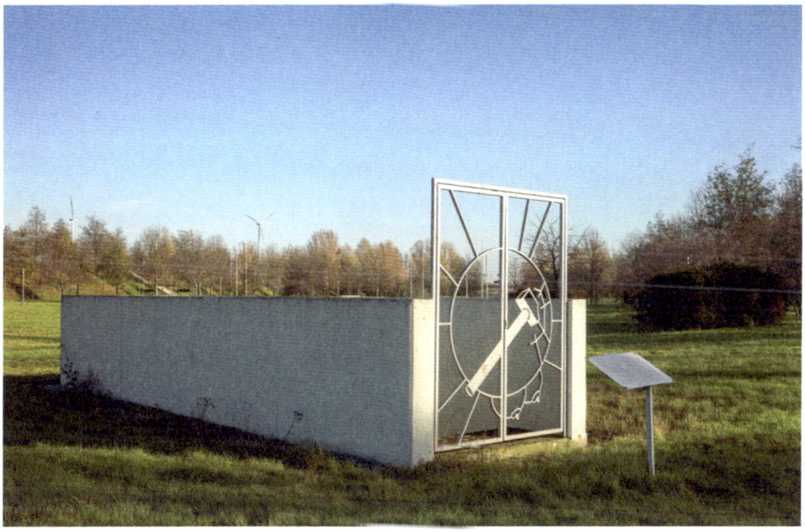

81

99 Die U-Bahn-Nutzung ist allerdings wiederum nur den Mitgliedern der Lord Jim Loge vorbehalten. Diesmal ist bereits der Treppenabgang und nicht erst der Annexraum mit einem an das Vorbild Syros erinnernden Gittertor versperrt.[22]

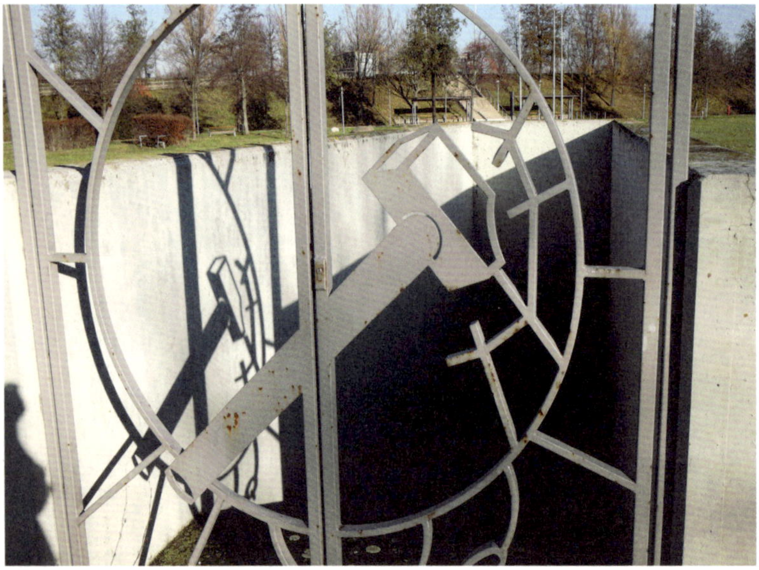

82

Abb. 82–83
Elfie Semotan: Martin Kippenberger, METRO-*Net*, U-Bahn-Eingang im Messepark der Leipziger Messe, 2019/2021

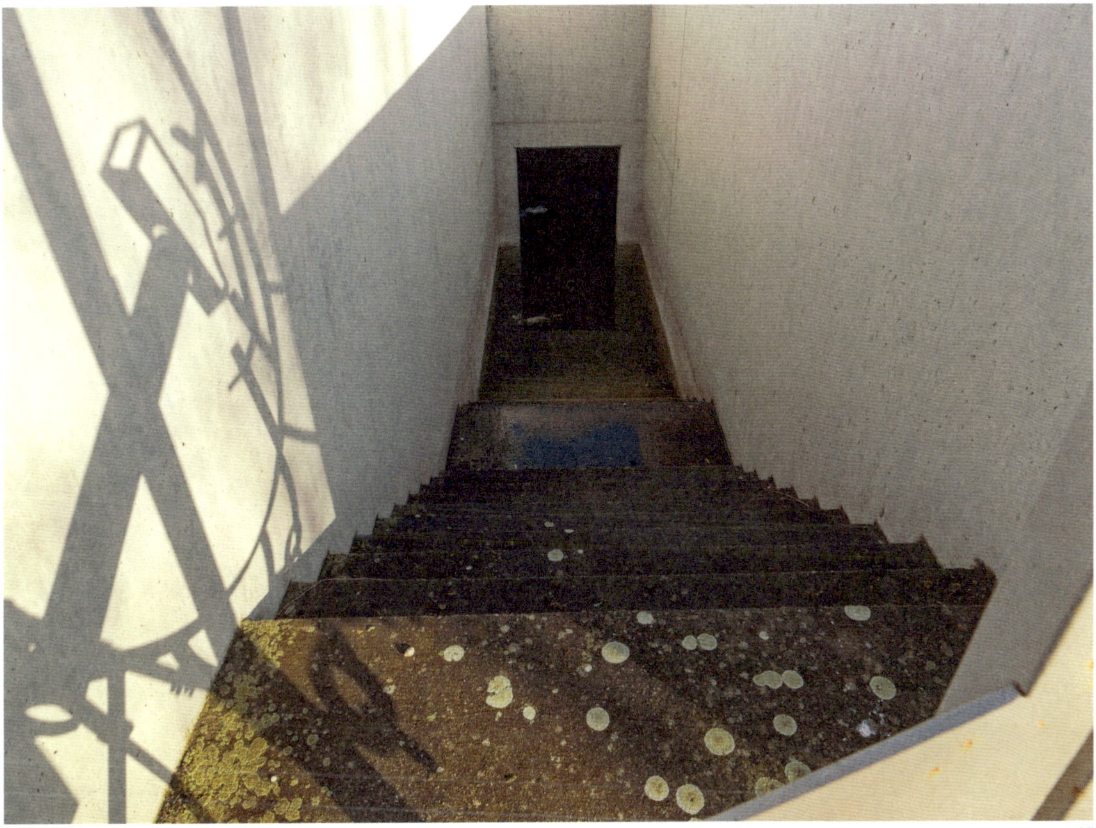

83

101 Kippenberger erlebte die Eröffnung der Leipziger Station am 30. Mai nicht mehr. Seitdem entwickelt sich der Skulpturenpark, ursprünglich als ein gesellschaftsübergreifender und lebendiger Diskursort nicht nur für ökonomische Belange geplant,[23] zu einem vom Kulturleben abgeschnittenen Unort, der zunehmend der Vergessenheit anheimfällt und durch Wetter und Vandalismus in seiner Bausubstanz gefährdet ist.

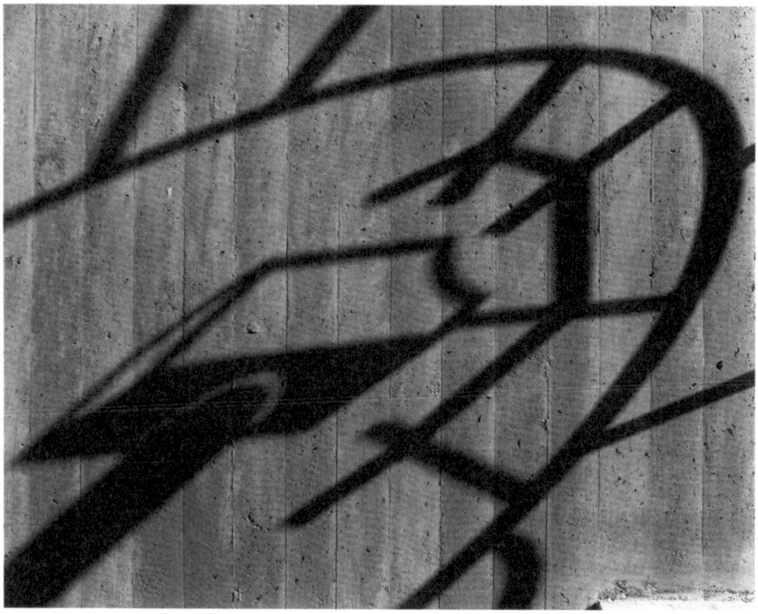

84

Abb. 84
Albrecht Fuchs: Martin Kippenberger, METRO-*Net*, U-Bahn-Station Leipzig, 1997

KASSEL

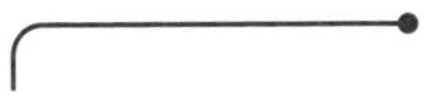

Daten

Eröffnung:
21. Juni 1997

Planungsbeginn:
Ende 1996

Baubeginn:
1. Hälfte 1997

Entwurf

Lukas Baumewerd

Material

Stahlblech, weißer Schutzanstrich

Standort

Walter A. Bechtler Stiftung, Zuoz-Madulain, St. Moritz

Maße

Bauwerk:
343 cm (hoch) [ca. 100 cm über dem Wasserspiegel] ×
750 cm (breit) ×
254 cm (tief)

Geländer:
93 cm (hoch) ×
254 cm (breit)

Gewicht:
ca. 10,8 t

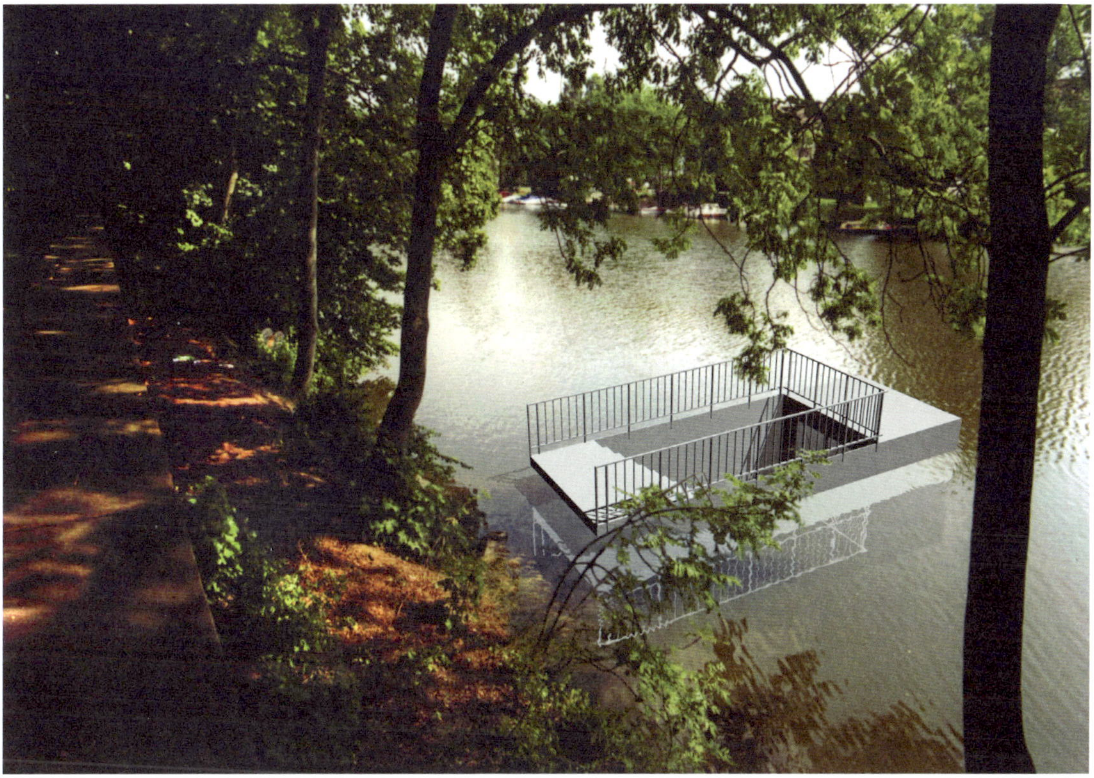

85

105 Die für die documenta X konzipierte Metrostation, die im Unterschied zu Leipzig nicht vor Ort erbaut, sondern als Fertigprodukt antransportiert wurde – entsprechend lautet die Werkbezeichnung auch *METRO-Net, Transportabler U-Bahn-Eingang* –, sollte ebenfalls für die Logenmitglieder an einem für den U-Bahn-Verkehr sinnfreien Unort installiert werden. Kippenberger, der die Finalisierung dieses Vorhabens nicht mehr erlebte, plante eine Aufstellung in der Fulda.

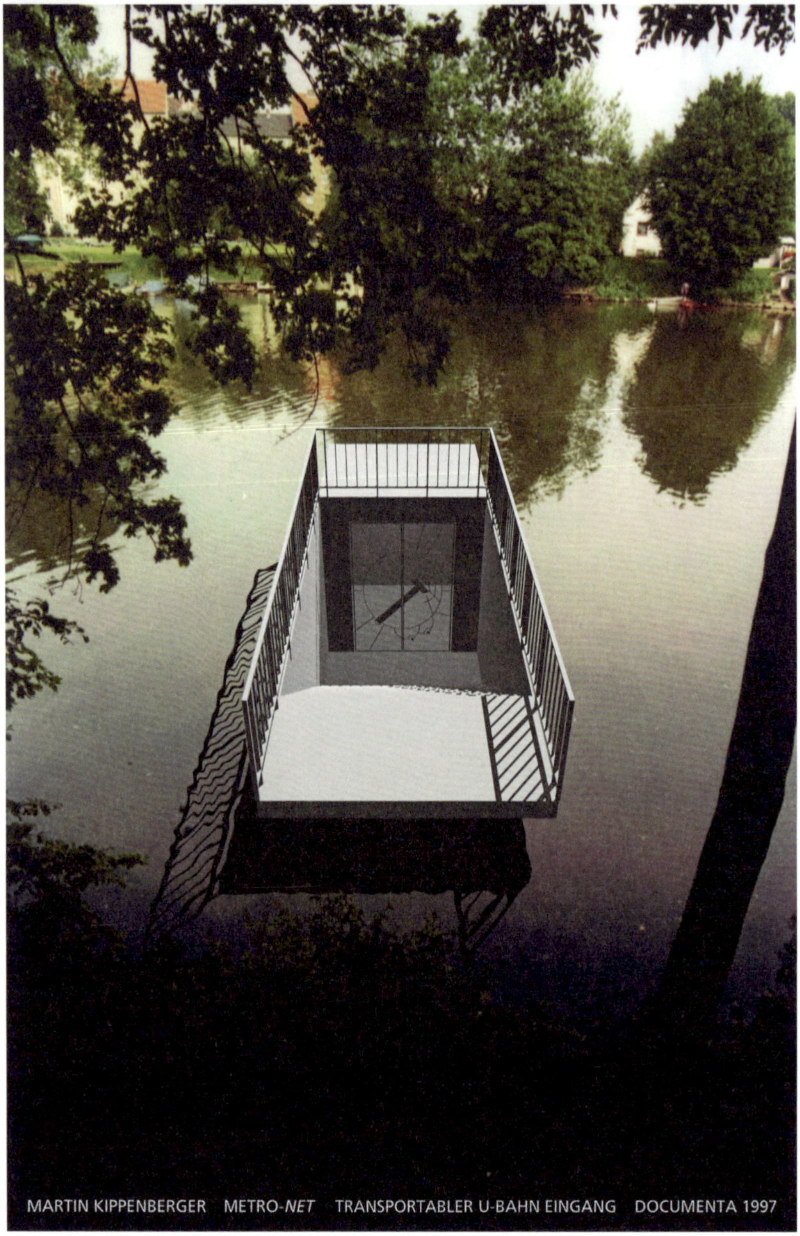

86

Abb. 85–87

Lukas Baumewerd: Martin Kippenberger, METRO-*Net*, Transportabler U-Bahn-Eingang, documenta 1997 – 1. Fassung (schwimmend), 1997/2021

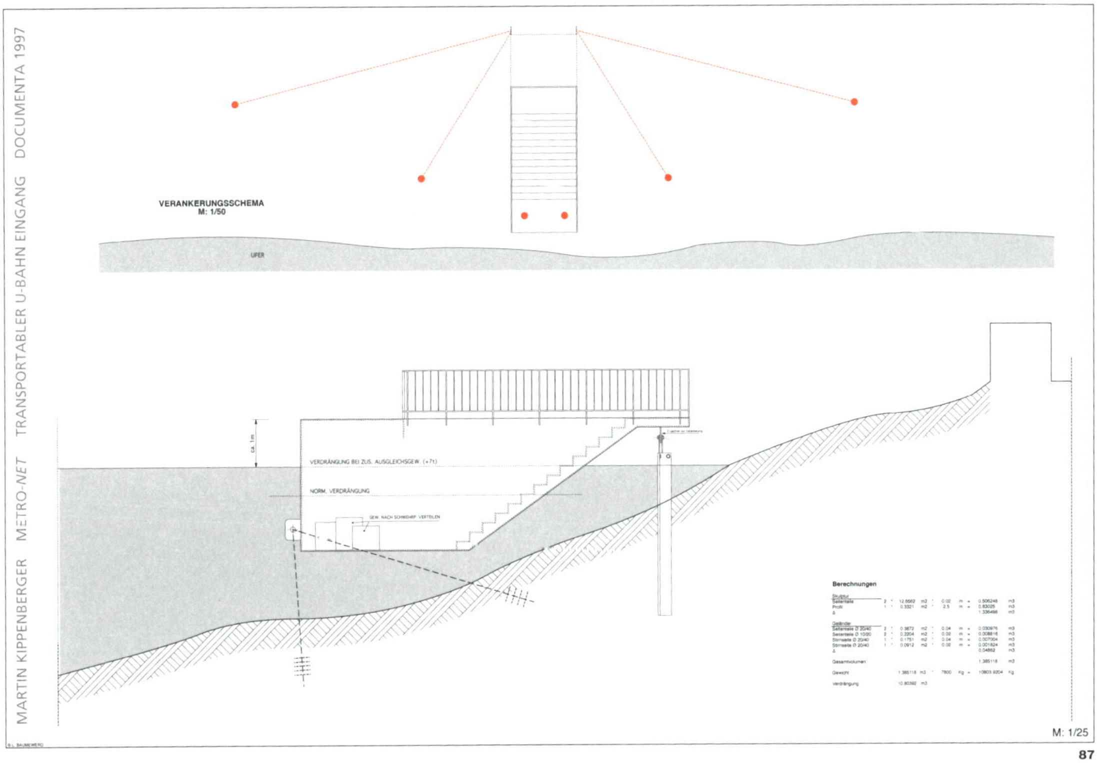

107 Dafür musste die Metrostation so konstruiert werden, dass sie durch ihren eigenen Auftrieb hätte schwimmen können. Was auch gelang, aber mit dieser Eigenschaft fiel die mehrere Tonnen schwere Stahlblechkonstruktion unfreiwillig in die Kategorie motorloses Wasserfahrzeug. Die vom Wasser- und Schifffahrtsamt vorgegebenen Sicherungsmaßnahmen, nämlich die Errichtung von Dalben in der Fulda zur Befestigung des U-Bahn-Einganges, hätten allerdings das Produktionsbudget gesprengt.

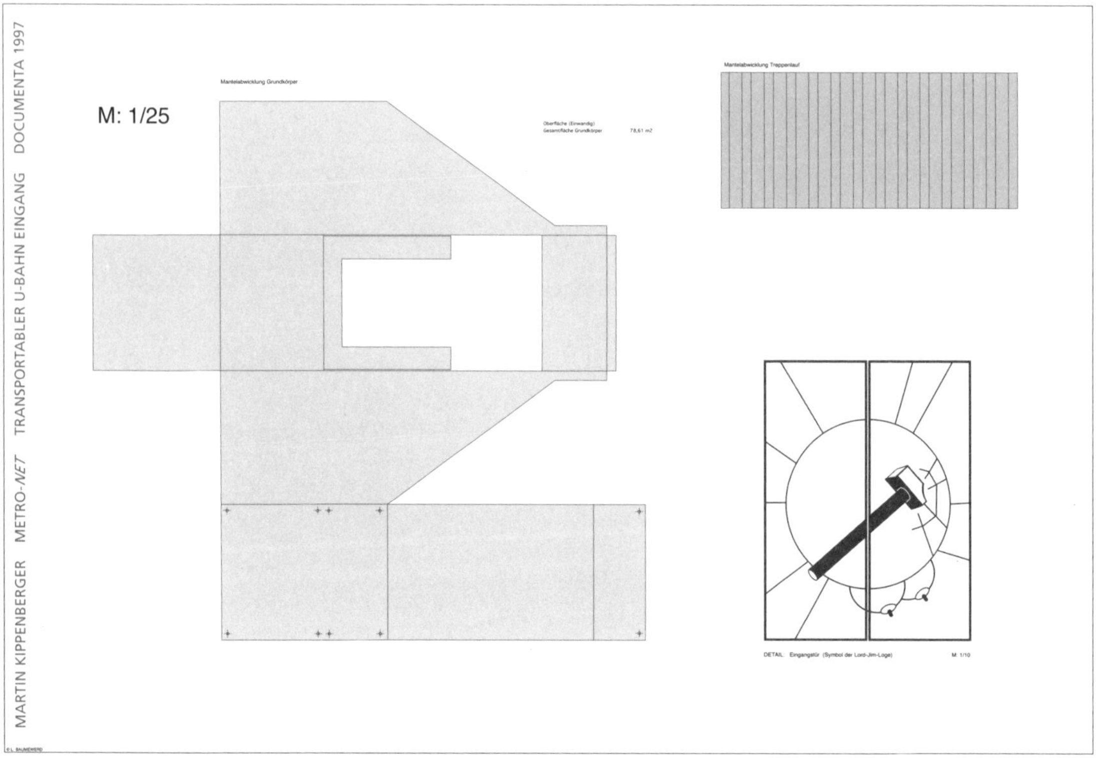

88

Abb. 88
Lukas Baumewerd: Martin Kippenberger, METRO-*Net*, Transportabler U-Bahn-Eingang, documenta 1997 – 1. Fassung (schwimmend), 1997/2021

Abb. 89
Lukas Baumewerd: Martin Kippenberger, METRO-*Net*, Transportabler U-Bahn-Eingang, documenta 1997 – 2. Fassung (auf der Wiese), 1997/2021

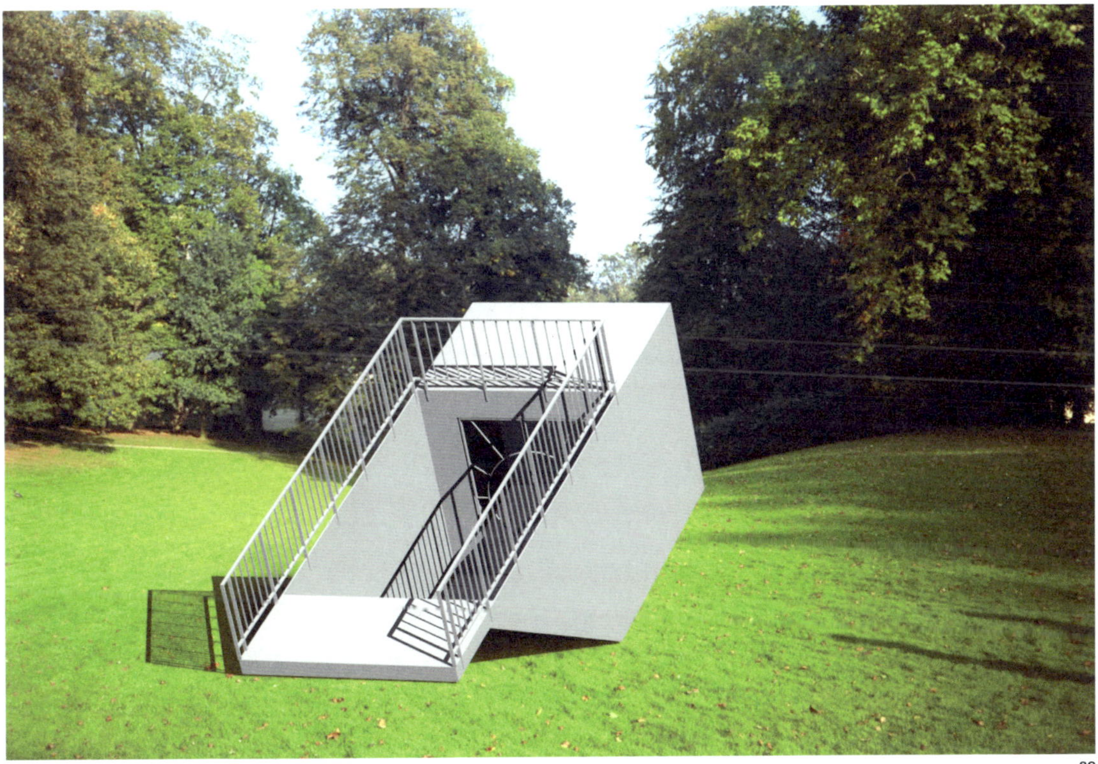

89

109 Die documenta-Leitung konnte sich daraufhin mit Kippenberger im November 1996 notgedrungen auf eine Präsentation an der Uferböschung einigen, wobei auf eine Erdeinlassung verzichtet wurde.[24] Diese Planänderung bewirkte, dass von der Metrostation nicht nur, wie eigentlich vorgesehen, die Brüstung und der Treppeneingang, sondern auch die Wände, die unterhalb der Wasseroberfläche gelegen hätten, sichtbar waren.

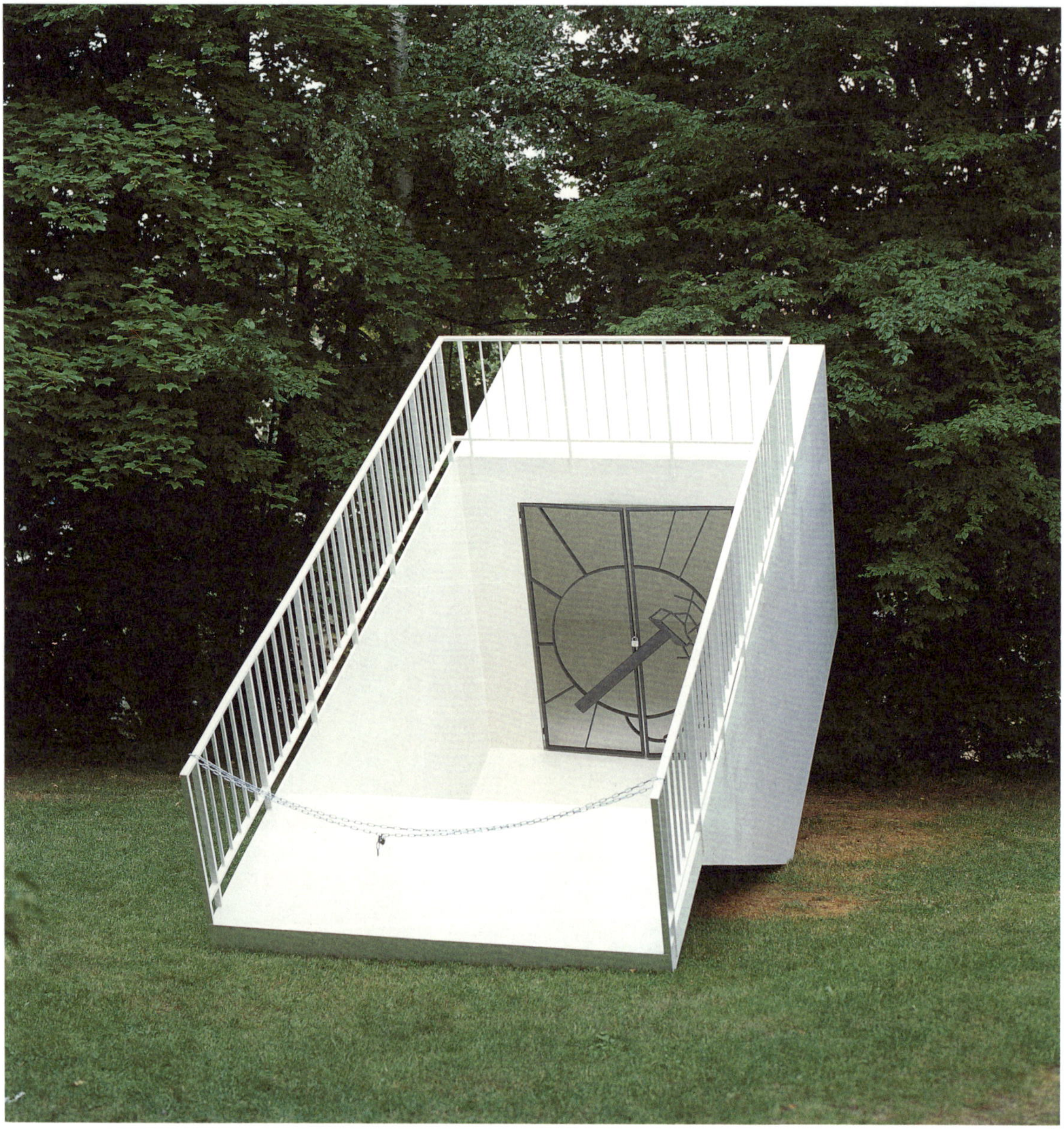

90

Abb. 90
Werner Maschmann: Martin Kippenberger, METRO-*Net*, Transportabler U-Bahn-Eingang, documenta X, Kassel, 1997

Abb. 91
Lukas Baumewerd: Martin Kippenberger, METRO-*Net*, Transportabler U-Bahn-Eingang, documenta 1997 – 2. Fassung (auf der Wiese), 1997/2021

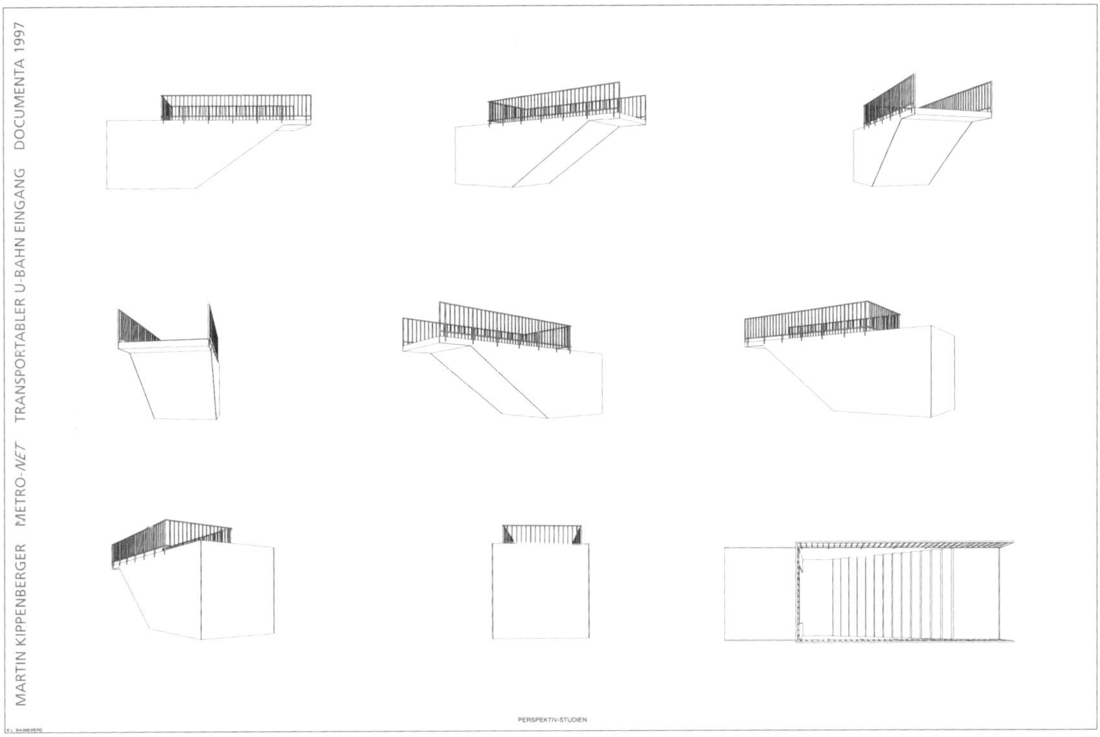

91

111 Vergleichbar der Aufstellung in Münster verwandelte sich die Metrostation zu einer Außenskulptur, die, weil nicht so konzipiert, nach vorne kippte. Abgestellt, aber nicht eingebaut! In dieser von der Ursprungsidee abweichenden Präsentationsform liegt der METRO-*Net*, *Transportabler U-Bahn-Eingang* aus Kassel auch heute noch auf einem Golfplatz in Zuoz-Madulain bei St. Moritz – seit etwa 2001 im Besitz der Walter A. Bechtler Stiftung.[25]

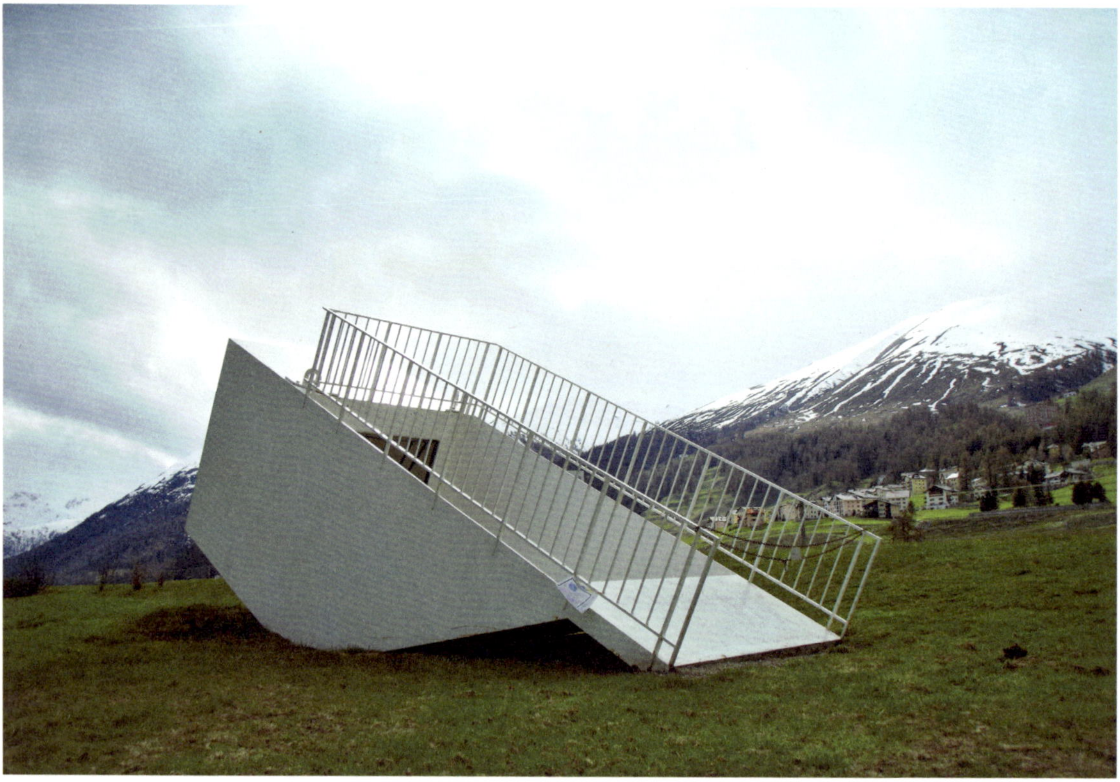

92

Abb. 92
Martin Kippenberger, METRO-*Net*, Transportabler U-Bahn-Eingang, Golfplatz Zuoz-Madulain bei St. Moritz (Walter A. Bechtler Stiftung), 2020

NEW YORK

Daten
Eröffnung:
13. September 1997

Planungsbeginn:
unbekannt

Baubeginn:
1. Hälfte 1997

Entwurf
Lukas Baumewerd

Material
Aluminium

Standort
Museum of Modern Art, New York

Maße
291 cm (hoch) ×
829 cm (breit) ×
245 cm (tief)

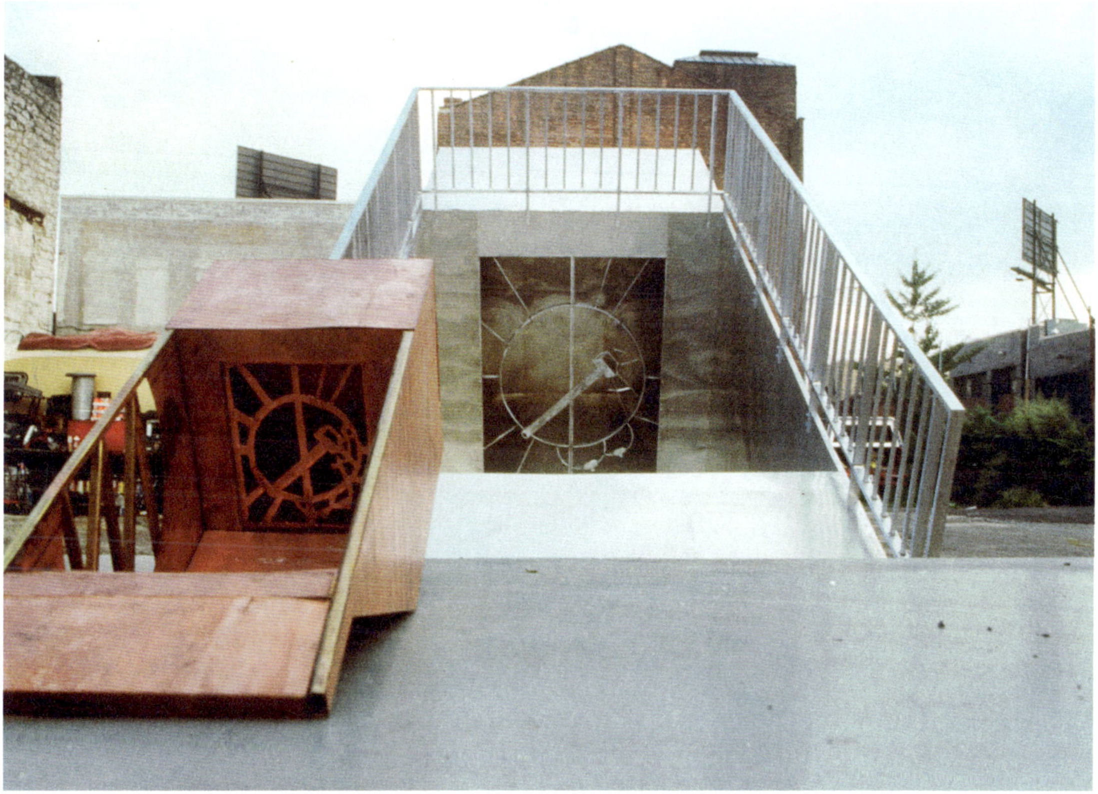

93

115 Im Skulpturenbestand des Museums of Modern Art in New York befindet sich seit 2007 der letzte bekannte U-Bahn-Eingang von Kippenberger. Er wurde 1997 für den US-Markt hergestellt und stellt eine leichtere Fassung aus Aluminium nach dem Kasseler Vorbild mit veränderten Maßen – schmaler und länger – dar.

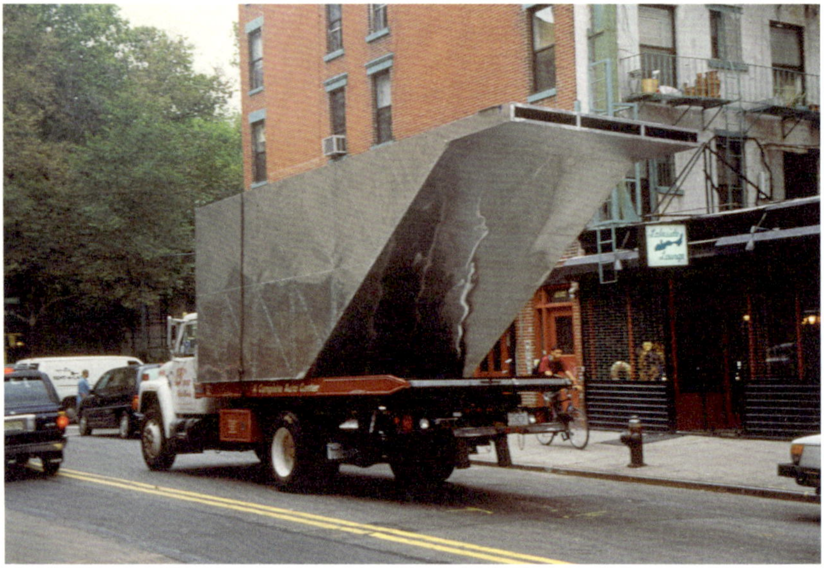

94

Abb. 93–95
Martin Kippenberger, METRO-*Net*, Transportable Subway Entrance – Crushed, Metro Pictures, New York, 1997/2021

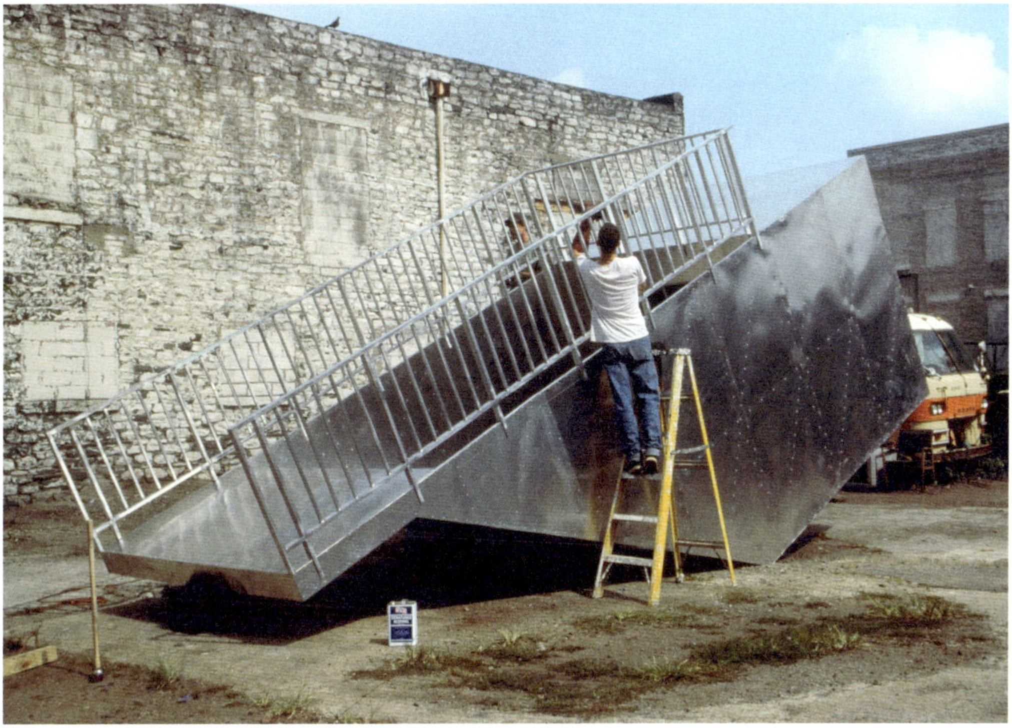

95

117 Dieser für die Serienanfertigung geeignete Prototyp, den Kippenberger wieder in Zusammenarbeit mit Baumewerd entwickelt hatte, wurde im September 1997 anlässlich der postumen Einzelausstellung des Künstlers in dessen amerikanischer Stammgalerie Metro Pictures in New York erstmals der Öffentlichkeit vorgestellt. Allerdings in einem unbrauchbaren Zustand.

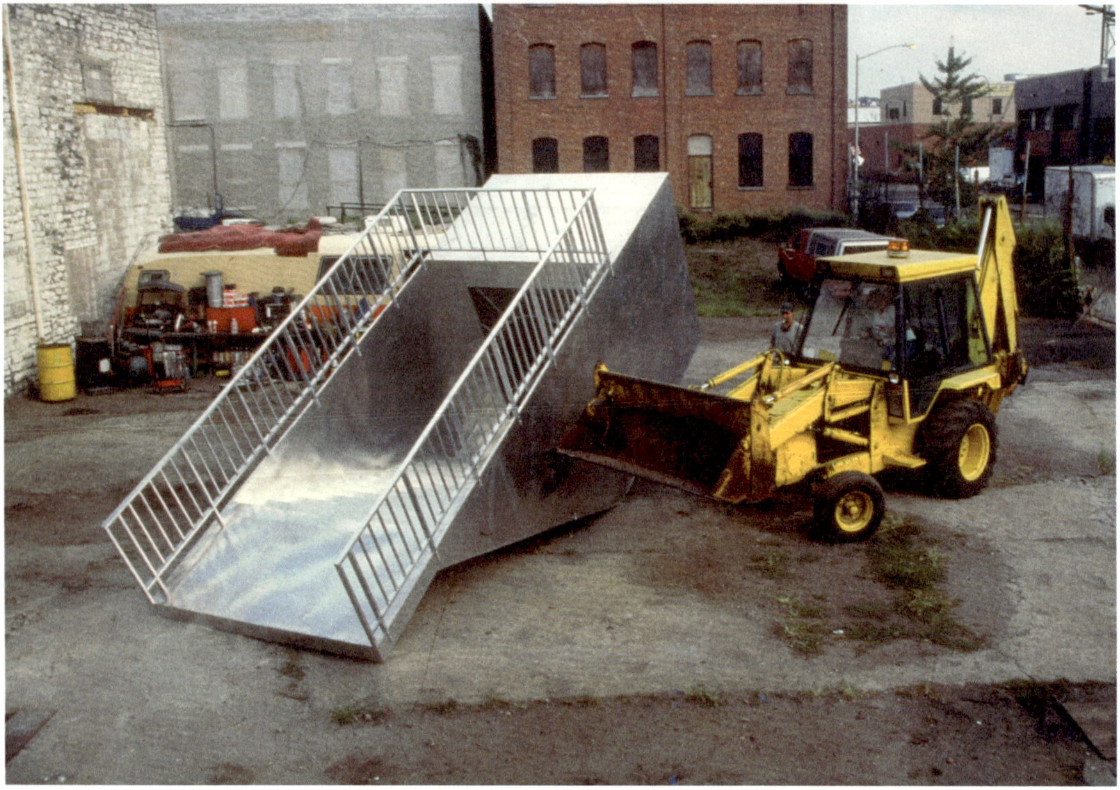

96

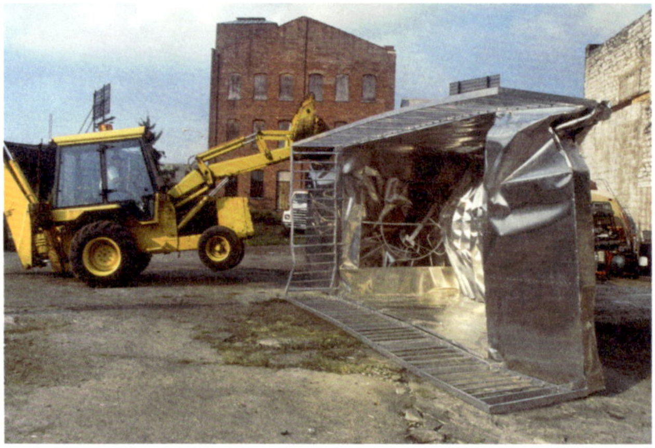

97

Abb. 96–98
Martin Kippenberger, METRO-*Net*, Transportable Subway Entrance – Crushed, Metro Pictures, New York, 1997/2021

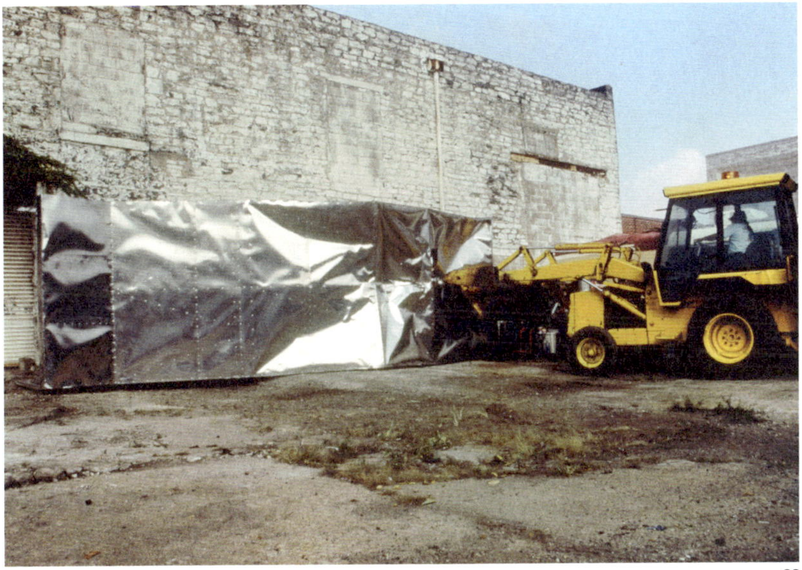

98

119 Ein Bagger hatte zuvor den strahlenden Aluminiumkörper, der in Manhattan fabriziert worden war, an den Seitenwänden brutal eingedrückt. Dies geschah auf Wunsch des Künstlers. Kippenberger plante wissentlich einen zu großen U-Bahn-Eingang, der nicht ohne Zerstörungsmaßnahmen durch das Haupttor der Galerie im Stadtteil Soho gepasst hätte.

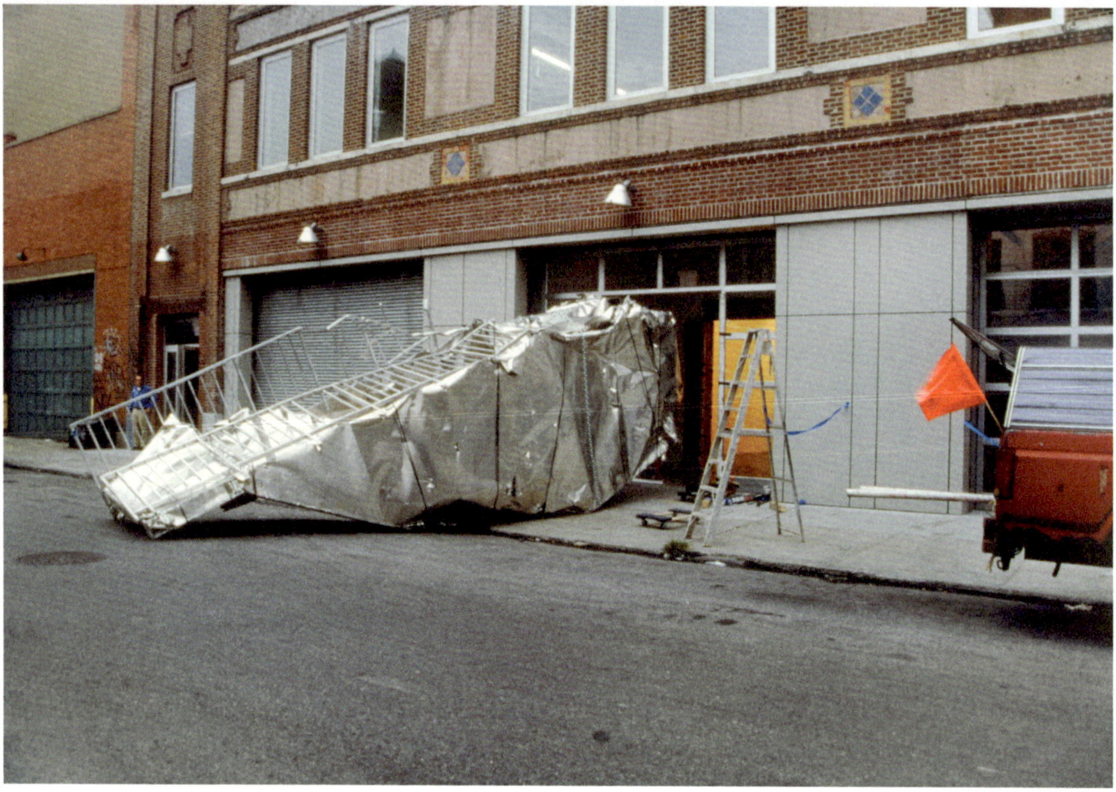

99

Abb. 99–101
Martin Kippenberger, METRO-*Net*, Transportable Subway Entrance – Crushed, Metro Pictures, New York, 1997/2021

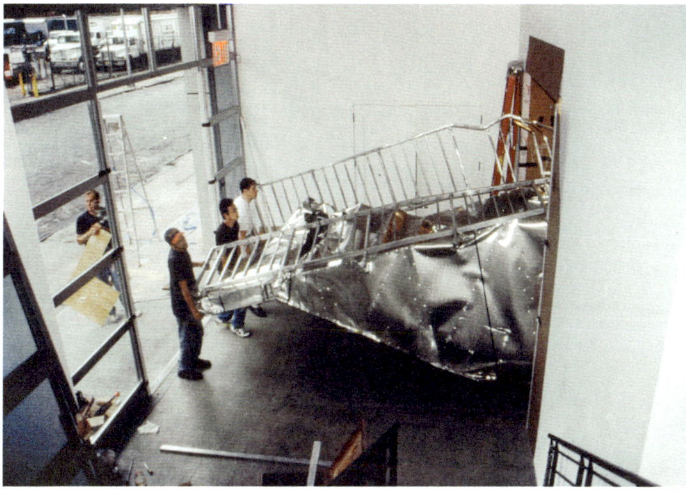

100

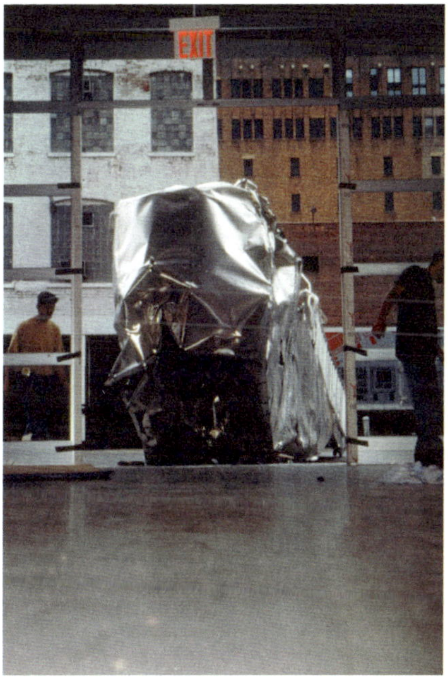

101

121 Doch während der Vorbereitungsphase bezog Metro Pictures größere Räumlichkeiten in Chelsea, so dass diese künstlerische Intention nicht zwingend notwendig gewesen wäre, aber mit dem Tod Kippenbergers auch nicht mehr zurückgenommen werden konnte.[26]

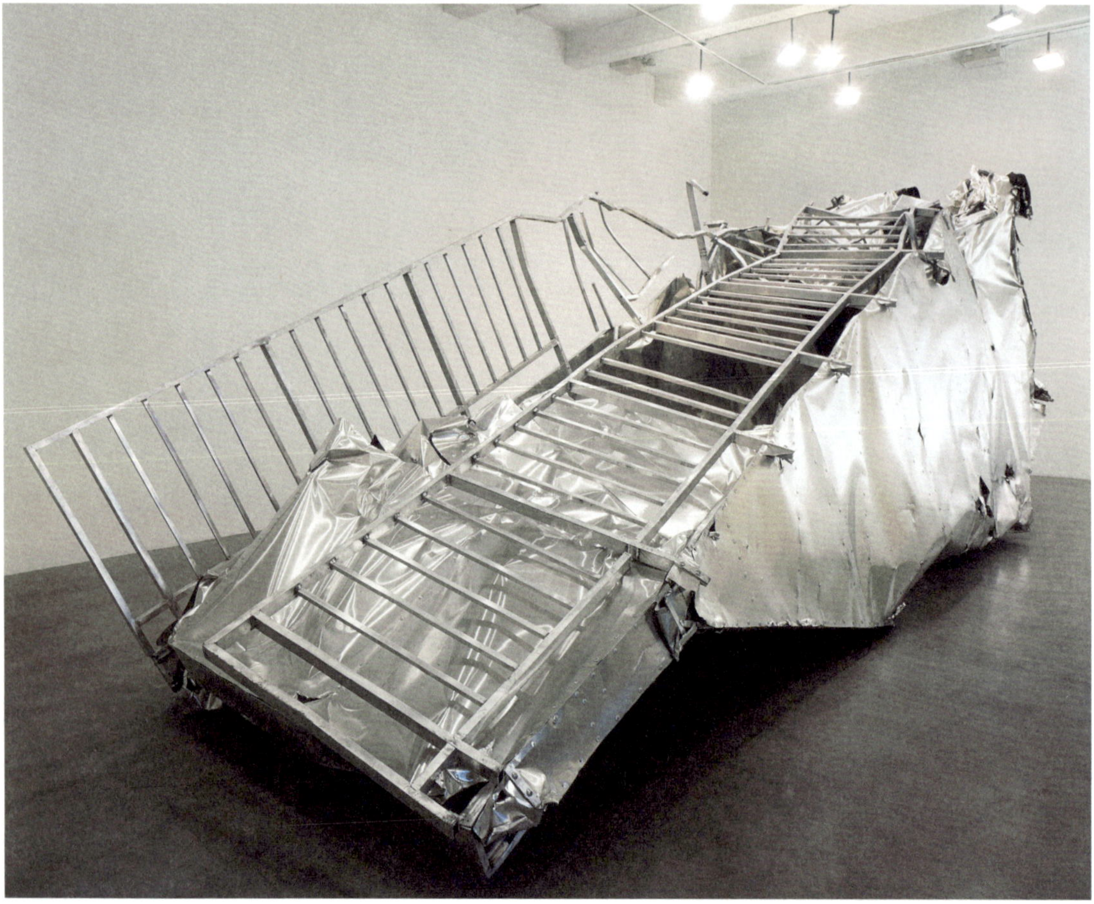

102

Abb.102
Martin Kippenberger, METRO-*Net*, Transportable Subway Entrance – Crushed, Metro Pictures, New York, 1997/2021

Abb.103
Martin Kippenberger, METRO-*Net*, WORLD CONNECTION, 1997

METRO-*Net* hatte seine größte Ausdehnung kurz nach Kippenbergers Tod erreicht. Es war jedoch zu keinem Zeitpunkt als öffentliches Massentransportmittel für fiktive Reisen geplant, sondern ausschließlich den Mitgliedern der Lord Jim Loge vorbehalten, was bei den beiden späteren öffentlichen Projekten in Kassel und Leipzig auch nicht zurückgenommen wurde. Dieser gesellschaftliche Ungleichstellungsgedanke mag innerhalb eines ethisch-politischen Denkrahmens problematisch erscheinen, ist aber in künstlerischer Hinsicht notwendig. Denn nur so gelingt es, eine Sehnsucht nach Teilhabe an diesem Exklusivrecht zu erwecken. Sie manifestiert sich darin, dass hinter den Absperrungen mit dem ostentativ angebrachten Logenemblemen etwas Verborgenes liegen könnte: Tunnelröhren! Bei freiem Zutritt würde die verbotene Raumzone sogleich ihre geheimnisvolle Aura verlieren. Die Neugierde würde einer Desillusionierung weichen. Und aus diesem Grund darf der Ausgeschlossene nicht hinter die Attrappe schauen, sonst würde der Schwindel auffliegen und statt romantischer Gedankenspiele über unbekannte Fortbewegungsmöglichkeiten könnte sich eine enttäuschende Inhaltsleere im Kopf einstellen.

In den heidnischen Tempelbezirken wurde das Allerheiligste, die Wohnstätte der jeweils zu verehrenden Gottheit, von einer Priesterklasse bewacht. METRO-*Net* fehlt ein solches Wachpersonal. Seit dem Ableben Kippenbergers fällt das U-Bahn-System mangels kuratorischer Betreuung sukzessive auseinander, die Loge wurde 1997 aufgelöst.[27] Der Erhaltungszustand des Auftaktbaus fernab auf einem Privatgrundstück in

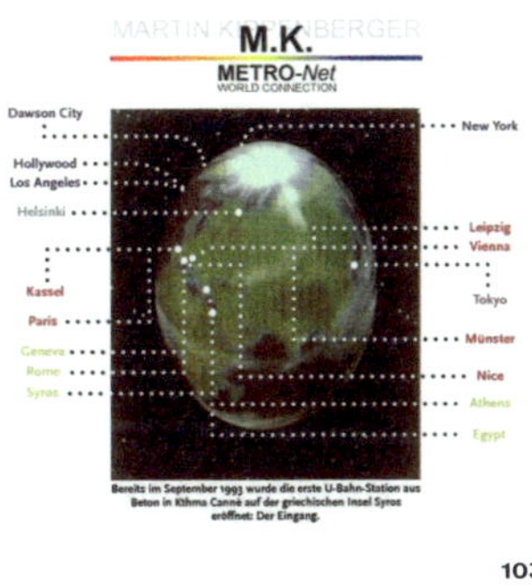

Syros gelegen, ist ungewiss, die Metrostation in Dawson City ist abgebaut, und in Leipzig staute sich bis zur Sanierung durch die Leipziger Messe im Frühjahr 2021 knietief das Grundwasser. Der in Los Angeles ausgestellte Lüftungsschacht befindet sich in der Sammlung Kramlich (USA), sein Pendant aus Münster in der Sammlung Grässlin wird, wie der *Transportabler U-Bahn-Eingang* aus Kassel, als Freiluftskulptur präsentiert und der zu keinem Zeitpunkt funktionstüchtige *Transportable Subway Entrance – Crushed* wird im Skulpturenmagazin des MoMA in New York aufbewahrt. Diese Bestandsaufnahme (Stand 2020) steht zweifellos im Missverhältnis zur zunehmenden kunsthistorischen Bedeutung Kippenbergers, die sich in zahlreichen Publikationen und institutionellen Ausstellungen niederschlägt.[28]

METRO-*Net* – Internet

Kippenbergers künstlerisches Schaffen zeichnete sich schon sehr früh dadurch aus, dass er die Produktionsbedingungen zur Hervorbringung von Kunst und damit auch die Bemessungsgrundlagen von Autorschaft kritisch verhandelte.[29] Dieses „stilistische“ Merkmal trifft besonders auf sein METRO-*Net*-Projekt zu. Hier scheint er die Rolle des Künstlers gegen die eines visionären Unternehmers getauscht zu haben, der von der fixen Idee einer privaten U-Bahn-Linie angetrieben wurde und für deren Realisierung er auf einen spezialisierten Mitarbeiterstab angewiesen war. Welchen Anteil er bei der konkreten Formgenese hatte, spielte für das künstlerische Selbstverständnis Kippenbergers nur eine untergeordnete Rolle. Die bekannten Hotelzeichnungen stellen keine vorbereitenden Entwürfe dar.

Von ihm mögen die groben Richtlinien wie Zweckarchitektur oder verschlossener Annexraum ausgegangen sein, aber die finale Ausführung der U-Bahn-Eingänge und Lüftungsschächte überließ er anderen. Eine Vorgehensweise, die auch auf weitere künstlerische Projekte zutrifft. Kippenberger verstand sich als Dienstleister, der nach Abschluss der Ideenfindung ihre finale materielle Umsetzung zum Beispiel an Plakatmaler oder seine Assistenten delegierte.[30]

Das Konzept von METRO-*Net* stand nicht von vornherein fest, was der impulsiven Methode Kippenbergers auch widersprochen hätte, sondern differenzierte sich kontinuierlich während seiner vierjährigen Realisationsphase zu einer komplexen Werkgruppe aus. Es war ein für Inspirationsquellen offenes System, so dass Veränderungsprozesse im Erscheinungsbild und in der inhaltlichen Grundausrichtung möglich, sogar erwünscht waren. So entstand ein loses Geflecht assoziativer Impulse, die die Idee von METRO-*Net* vorantrieben oder im Nachhinein bestätigten. Zu diesen Einflüssen dürfte auch die Biografie von Kippenbergers Vater Gerd gehören, der durch seine Tätigkeit als Bergbauingenieur und Direktor der Zeche Katharina-Elisabeth in Essen eine familiäre Verbindungslinie zum METRO-*Net*-Projekt herstellte.[31] Mit dem Motiv „Unter Tage" sah sich Kippenberger 1991 unmittelbar konfrontiert, als er von den Wiener Festwochen eingeladen wurde, in einem noch nicht fertig gestellten U-Bahn-Tunnel unterhalb der Innenstadt auszustellen.[32] Ein weiterer historischer Faden, der aus dem Werkschaffen Kippenbergers zu METRO-*Net* gezogen werden kann, ist sein Interesse an den gescheiterten Architektur- und Urbanisierungssutopien einer autogerechten

Nachkriegsmoderne aus Sichtbeton, das sich 1985 in den aus Holzpaletten bestehenden Skulpturen wie *Studentenwohnheim in Riad* eindrucksvoll manifestierte und sich außerdem in der Publikation *Psychobuildings* von 1988 niederschlug.[33] In diese Motivreihe gehört zweifellos auch METRO-*Net*, das Kippenberger gern als „unsinniges Bauvorhaben" klassifizierte.

Mit der Errichtung des U-Bahn-Eingangs auf Syros ergeben sich dann konkretere Gedankenverbindungen. Bedingt durch seine Lage auf antikem Kulturboden sollte nicht ausgeschlossen werden, dass Kippenberger in Gesprächen mit Würthle – womöglich angeregt durch die Besichtigung frühzeitlicher Nekropolen auf der Insel – den Bau mit der Idee eines Abstiegs in die Unterwelt koppelte. Eingänge in den Hades, die die Helden und Götter der griechisch-römischen Mythologie nutzten, waren den klassischen Autoren bekannt. Warum also nicht einen neuen, modernen Einstieg ins Totenreich anlegen, wie es die beiden Hotelzeichnungen suggerieren, auf denen sich die U-Bahn-Stationen mit Stromanschluss in einer antiken Ruinenanlage befinden.[34]

Dieser mythologische Überbau, falls jemals vorhanden, wich spätestens mit Dawson City einer inhaltlichen Verankerung in der Gegenwart. Für die Eröffnungsfeier der Metrostation wurde eine Einladungskarte mit der Abbildung eines von Kippenberger überarbeiteten Filmstills aus François Truffauts *La Nuit américaine* aus dem Jahr 1973 hergestellt. Die Druckvorlage ist von einer Hotelzeichnung des Künstlers abgenommen worden.[35] Zugleich inszenierte sich Kippenberger für eine Fotokampagne als Buster Keaton – in Anlehnung an dessen Rolle in dem 1922 produzierten Stummfilm *The Frozen North*. In beiden Filmen

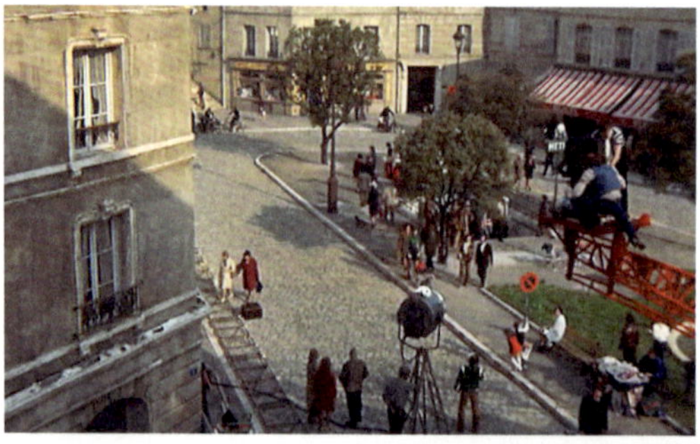

104

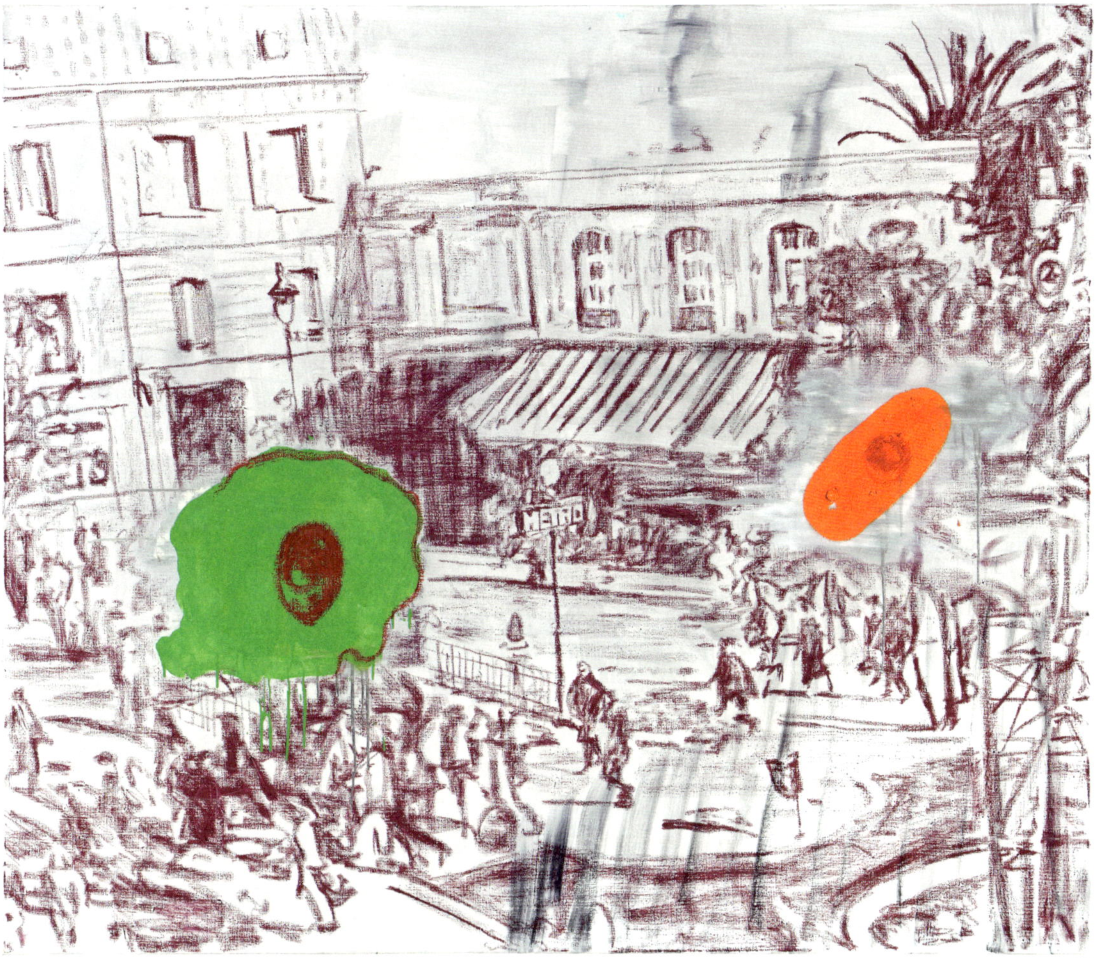

105

Abb.104
François Truffaut:
La Nuit américaine
(Film Still), 1973

Abb.105
Martin Kippenberger:
Ohne Titel, 1995

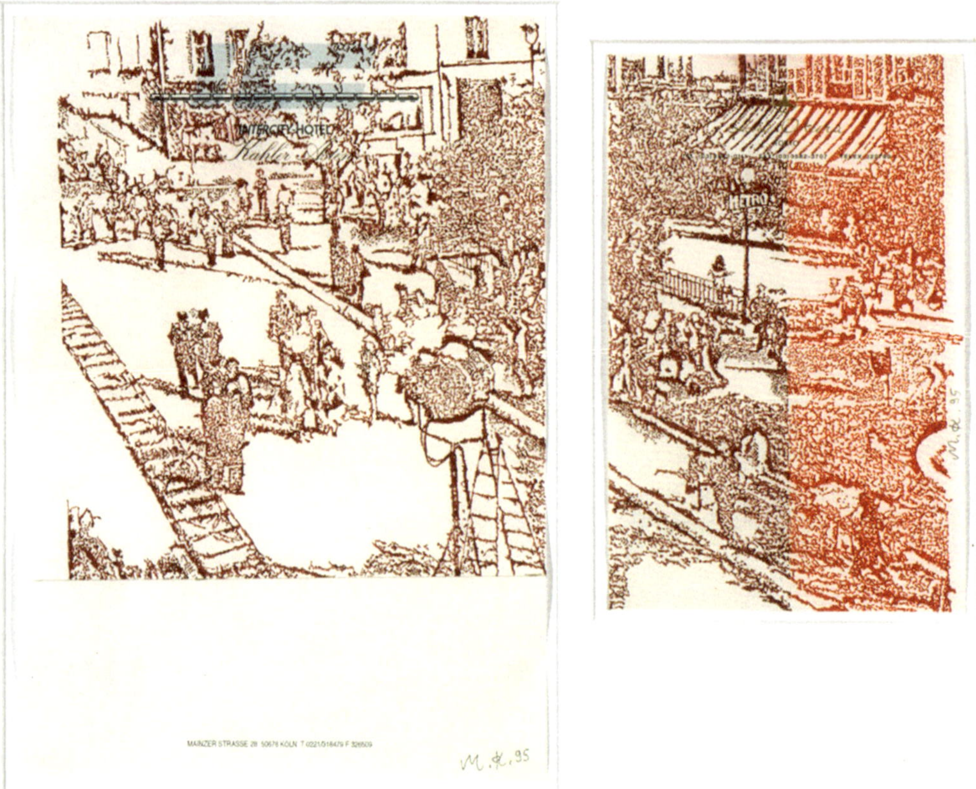

106

Abb. 106
Martin Kippenberger: Ohne Titel (Intercity-Hotel, Kahler Asten / Sorel Okura, Tokyo), 1995

Abb. 107
Buster Keaton: The Frozen North (Film Still), 1922

Abb. 108–126
Fotografien aus dem Kippenberger-Archiv zum Thema U-Bahn, die für die Website der documenta X verwendet wurden

kommt zwar das Motiv eines U-Bahn-Eingangs vor, aber die U-Bahn als öffentliches Fortbewegungsmittel ist nicht Gegenstand der Handlung, so dass ihr Einfluss auf das Grundkonzept von METRO-*Net* im Sinne des fiktiven Reisens eher gering einzuschätzen ist. Ihre Berücksichtigung für die Inszenierung der Metrostation in Dawson City liegt vielmehr in der Übereinstimmung der Bauwerke als funktionslose Attrappen eines Filmsets. Wer die beiden Filme als Referenzwerke ins Spiel brachte, ist ungewiss, vielleicht Kippenberger selbst, der über ein umfangreiches cineastisches Wissen verfügte.[36]

Eine weitere theoretische Bezugsquelle sollte das Internet werden, obgleich Kippenberger die sich neu eröffnende Computertechnologie für künstlerische oder private Zwecke selbst gar nicht nutzte. Vielleicht war es Baumewerd, der ihn darauf aufmerksam und mit den Möglichkeiten des Internets vertraut machte. Immerhin arbeitete er als technikaffiner Architekt bereits sehr früh mit CAD Software, die er auch für die Konsruktionspläne der Lüftungsschächte und U-Bahn-Eingänge nutzte. Für die Begriffsgenese METRO-*Net* ist weiterhin der Umstand aufschlussreich, dass zur selben Zeit in Köln, dem Lebensmittelpunkt Kippenbergers in den 1980er Jahren, ein Internetprovider mit dem Namen Metro-Net seinen Firmensitz bezog, der einen kostengünstigen Internetzugang für den Privatgebrauch anbot.[37] Mit der Werkbezeichnung METRO-*Net* 1995 versuchte Kippenberger zweifellos, seine Idee eines weltweit operierenden fiktiven U-Bahn-Netzes in die Nähe des sich zu diesem Zeitpunkt für den Alltagsgebrauch durchsetzenden Internets zu bringen. Diese Analogie wurde dann auch in den ersten Fachbeiträgen und Presseartikeln thematisiert und kritisch

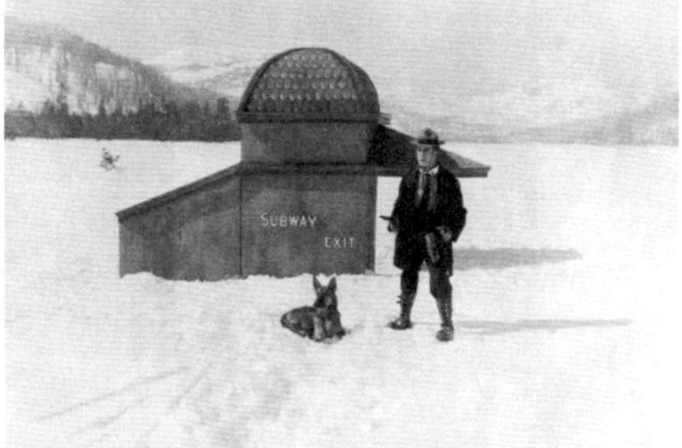

107

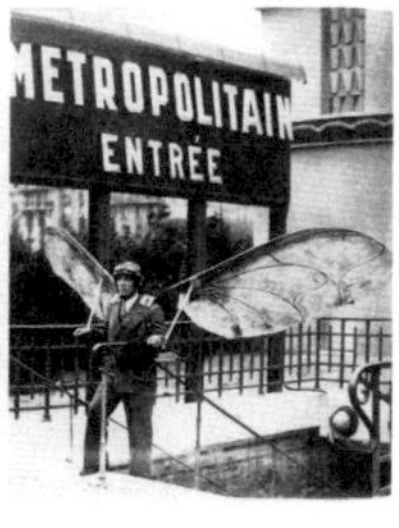

108

kommentiert.[38] Die U-Bahn-Eingänge als Ausgangspunkte für Reisen in der Imagination wurden mit den an Telefonsteckdosen angeschlossenen Modems gleichsetzt, die in den unbegrenzten virtuellen Möglichkeitsraum des World Wide Web führten.

Eine solche Überprüfung der Internettauglichkeit erfolgte während der documenta X 1997. METRO-*Net* gehörte zu den zehn künstlerischen Beiträgen, die der Kurator Simon Lamunière für die eigens programmierte documenta-Website auswählte. Kippenberger, der 1996 angefragt wurde, unterstützte das Projekt, indem er das dem METRO-*Net*-Plakat zugrunde liegende „Weltei" und die dazugehörigen sowie weitere thematisch verwandte Fotografien aus seinem Archiv zur Verfügung stellte. Bei dieser digitalen Frühform eines interaktiven Vermittlungsprogramms konnte das auf dem Kippenberger'schen „Weltei" eingezeichnete Streckennetz angeklickt werden, wodurch sich die hinterlegten Abbildungen öffneten.[39]

METRO-*Net* – Weltliteratur

Kippenbergers METRO-*Net*-Projekt steht, wenngleich sinnverwandte Werke in der zeitgenössischen Kunst, insbesondere in der Konzeptkunst und der Land Art zu finden sind, in seiner radikalen Durchführung einzigartig dar.[40] Walter de Marias *Vertikaler Erdkilometer*, 1977 für die documenta 6 installiert, und dessen Gegenstück *The Broken Kilometer* von 1979 in New York übten nachweislich eine große Faszination auf Kippenberger aus.[41] Vermutlich weil hier ein Künstler die „sinnfreie" Idee hatte, ein ein Kilometer tiefes Erdloch mit Messingstäben auszufüllen. Dieser künstlerischen Form der Vermessung der Welt steht Kippenbergers

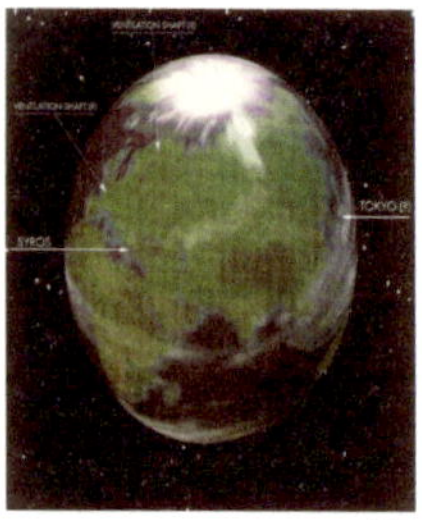

109

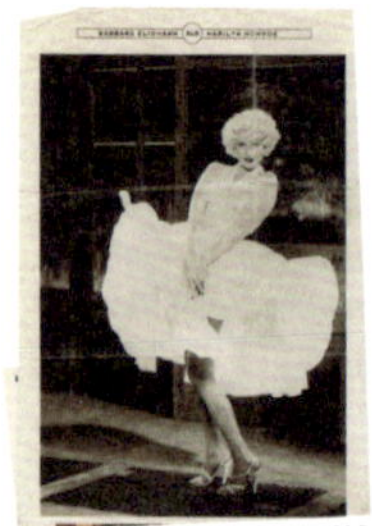

110

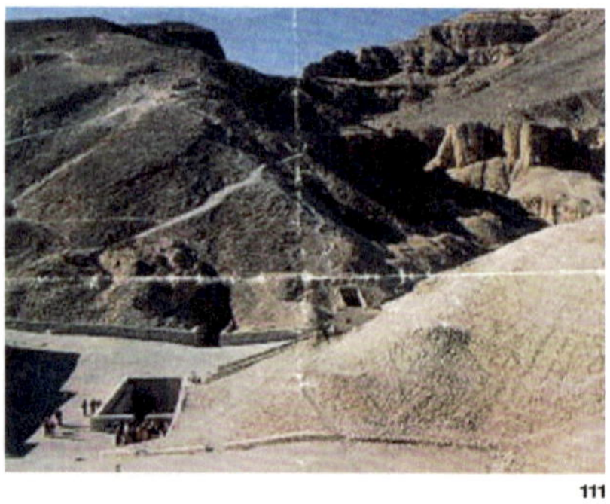

111

METRO-*Net* als Versuch gegenüber, die Welt auf poetische Weise zu bereisen. Die Gemeinsamkeit besteht darin, dass sie für ihre vollständige ästhetische Erfassung vom Vorstellungsvermögen der Betrachterin und des Betrachters abhängig sind.

Die bekanntesten Beispiele für die wirklichkeitssprengenden Möglichkeiten der Imaginationskraft entstammen zweifellos der Literatur, etwa aus Goethes *Werther*: „Ich kehre in mich selbst zurück und finde eine Welt."[42] Im Unterschied zum tragischen Jugendhelden des Sturm und Drang benötigt Kippenberger aber keinen Rückzugsort, wenn er behauptet: „Du brauchst nicht ins Museum zu gehen, es ist auf der Straße. Das sind alles Anstöße, um dir deine eigene Welt zu basteln, die aber lustig ist."[43] Seine Idee, mit METRO-*Net* ein fiktives Fortbewegungsmittel einzurichten, ist zweifellos ein solcher Versuch, die Welt nach eigener Anschauung zu konstruieren, und hat seine bekanntesten Vorläufer in der Weltliteratur. „Wir träumen von Reisen durch das Weltall – Ist denn das Weltall nicht in uns? Die Tiefen unsers Geistes kennen wir nicht", stellte bereits 1798 der romantische Dichter Novalis fest.[44] Die Vorstellung einer zweiten, unterirdisch gelegenen geheimnisvollen Welt, die in Analogie zum Unterbewusstsein steht, hat nicht nur Novalis, sondern auch andere Autoren des 19. Jahrhunderts nachhaltig fasziniert.[45] Für das Thema magischer Reisefahrzeuge hat sich in dieser Zeit allerdings kein wirklich bedeutender literarischer Topos herausgebildet, dafür sind aber vereinzelt Motive bekannt wie Gegenstände, insbesondere Kunstwerke, die als Auslöser für Reisebeschreibungen in der Imagination genutzt werden.[46] E. T. A. Hoffmann wandte diese Strategie in mehreren seiner fantastischen Geschichten an.

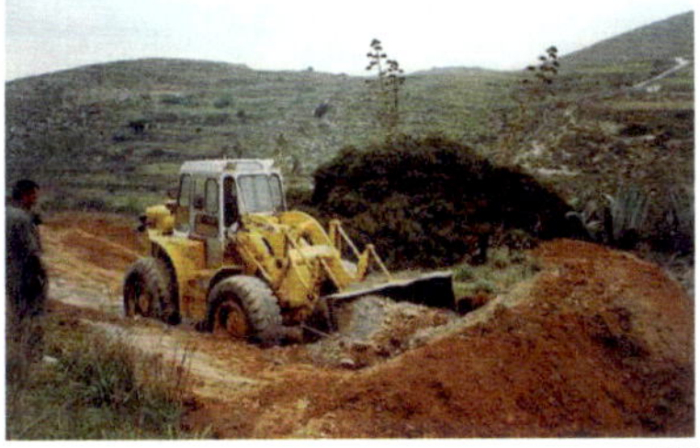

112

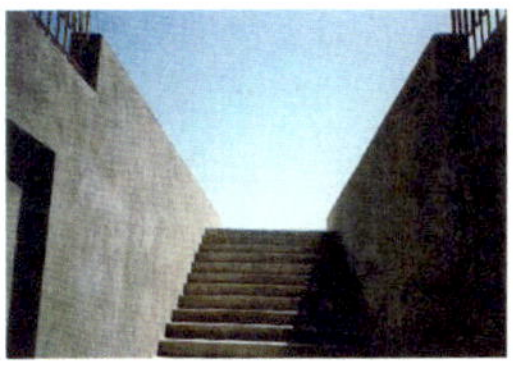

113

Gemälde, zum Teil real existierende, dienen ihm als Schleuse, durch die ein neuer Erzählraum eröffnet wird.[47]

Die beiden Novellen *Reise um mein Zimmer* und *Nächtliche Expedition* von Xavier de Maistre stellen zweifellos das eindrucksvollste Zeugnis in diesem Zusammenhang dar.[48] Verfasst in den turbulenten Nachrevolutionsjahren, berichtet Xavier von seinen Reiseerlebnissen, die er 1790 während eines 42-tägigen Arrestes infolge eines Duells in seinem Zimmer in Turin machen konnte. „Kein Hindernis kann uns aufhalten; wir überlassen uns wohlgemut unserer Phantasie und folgen ihr überall hin, wohin sie uns zu führen beliebt.“[49] Die Reise, die er auf der Fensterbank – für ihn der Rücken eines Pferdes – unternimmt, führt ihn räumlich nach Italien und zeitlich in die griechisch-römische Mythologie zurück. Den Leser seines Buches ermuntert er, selbst in dieser Weise auf Reisen zu gehen: „Ich bin sicher, dass jeder vernünftige Mensch, gleich, welchen Charakters und welchen Temperaments, sich mein Vorgehen zu eigen machen wird; jeder [...] kann reisen wie ich.“[50] Diese Reiseaufforderung hätte Kippenberger sicherlich gefallen. Allerdings las er nach eigenem Bekunden keine Bücher. „Er war hochintelligent, ein Intellektueller war er nicht. Er hat die *Bild*-Zeitung und Micky-Maus gelesen, nicht Roland Barthes und James Joyce. Aus der populären Kultur schöpfte er sein Material.“[51] Kippenberger, der Unbelesene, beabsichtigte, so paradox es in diesem Zusammenhang klingen mag, als junger Mann Schriftsteller zu werden. Der Versuch, für den er 1980 eigens nach Paris zog, scheiterte.[52] Dafür gelang ihm am Ende seines Lebens mit METRO-*Net* ein skulpturales Werkensemble, das die Idee des grenzenlosen Reisens in der Imagination aus der reinen literarischen Fiktion in den Wirklichkeitsraum überführte.

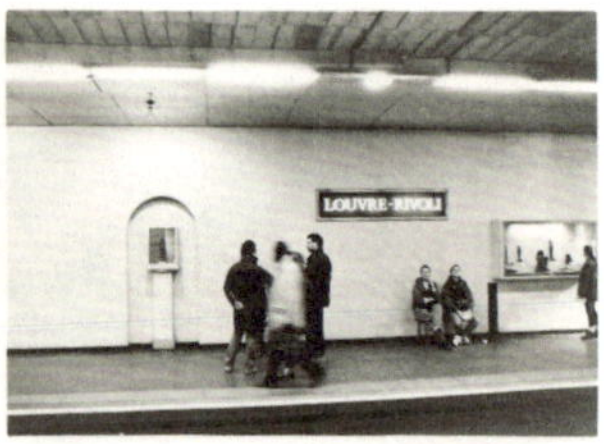

114

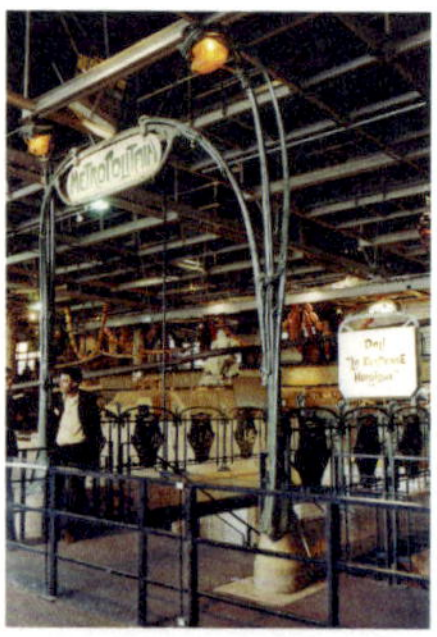
115

Für Kippenberger wäre METRO-*Net* zweifellos das angenehmste Transportmittel gewesen, um von einem Ort zum anderen zu gelangen. Obgleich er ständig unterwegs war, häufig den Wohnsitz wechselte, empfand er das Reisen selbst, ob nun ein Langstreckenflug oder nur die innerstädtische Autofahrt, als strapaziös. Er bevorzugte die privilegierte Form der Fortbewegung mit dem Taxi und nicht die öffentlichen Verkehrsmittel. Entsprechend lautete sein Wahlspruch: „Nicht sparen – Taxi fahren." Einmal in der Fremde angekommen, galt es nicht das Neue zu entdecken, sondern sie durch einen ritualisierten Tagesablauf schnell in eine vertraute Heimat zu verwandeln. Reisen war für Kippenberger nicht gleichbedeutend mit Urlaub im Sinne der Erholung von der Arbeit, was seinem Lebensentwurf als Künstler auch vollständig widersprochen hätte. „Knechte des Tourismus" sein, wie die szenische Lesung Kippenbergers im Café Einstein in Berlin 1979 hieß, kam für ihn somit nicht in Frage.[53]

Martin Kippenberger – Romantiker

In der Kippenberger-Rezeption wird vielleicht zu Recht seine Rolle als Enfant terrible der deutschen Kunstszene in den Vordergrund gestellt. Zugleich wird er aber auch als ein romantischer Künstler gekennzeichnet, der in periodischen Abständen die Stille und Einsamkeit der Provinz aufsuchte.[54] Dieses Doppelantlitz scheint widersprüchlich, hat aber bei genauerer Betrachtung seine geistesgeschichtlichen Ursprünge, die nicht so sehr im überlieferten und klischeebehafteten Bild des romantischen Künstlers als verkanntem Melancholiker-Genie, sondern vielmehr in der Kunsttheorie der Romantik begründet liegen. Vor diesem Hintergrund

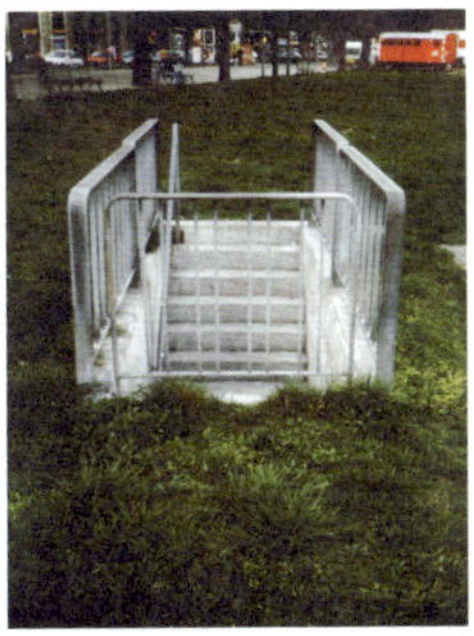

116

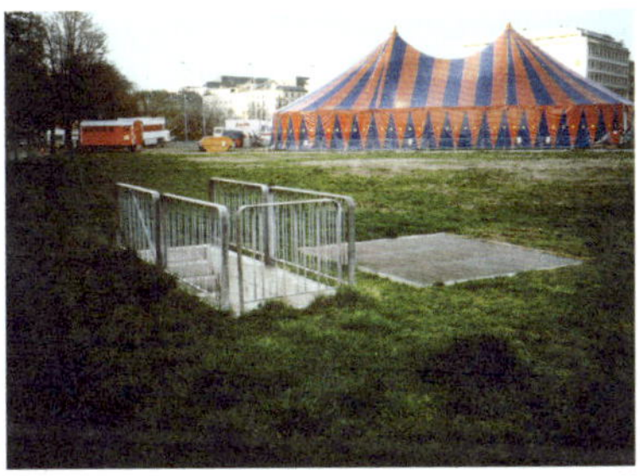

117

nimmt sich der Autor im Folgenden das Recht, Kippenberger mit nahestehenden philosophisch-ästhetischen Textquellen in Verbindung zu bringen, so wie Kippenberger sich das Recht herausnahm nicht zu lesen.

„Der hat immer so Irrsinns-Pläne im Kopf gehabt. Je älter er wurde, desto komplexer wurden die.“[55] Diese Charakterisierung, die von seinem Malerkollegen Albert Oehlen stammt, erinnert stark an einen Gedankengang von Novalis: „Je verworrner ein Mensch ist / man nennt die Verworrenen Dummköpfe / desto mehr kann durch fleißiges Selbststudium aus ihm werden – dahingegen die geordneten Köpfe trachten müssen wahre Gelehrte – gründliche Enzyklopädisten zu werden. Die Verwornnen haben im Anfang mit mächtigen Hindernissen zu kämpfen – Sie dringen nur langsam ein – Sie lernen mit Mühe arbeiten – dann aber sind sie auch Herrn und Meister auf immer. [...] Verworrenheit deutet auf Überfluß an Kraft und Vermögen – aber mangelhafte Verhältnisse – Bestimmtheit – auf richtige Verhältnisse, aber sparsames Vermögen und Kraft.“[56] Was Novalis hier skizziert, entspricht unserer Vorstellung von der modernen Künstlerexistenz, die sich von den Zwängen des bürgerlichen, nach rationalen Gesichtspunkten geordneten Lebens befreien will. Deshalb passt diese über 200 Jahre alte Beschreibung auch so gut auf Kippenbergers Lebensentwurf, sogar der Hinweis auf verschwenderischen Umgang mit Geld stimmt. Die von ihm gelebte, radikale Freiheit des Künstlertums, die sich nach 1789 vollends entfalten konnte und damit einen schier unerschöpflichen Gestaltungsraum für Kreativität und Fantasie eröffnete – die zentralen Indikatoren moderner Kunst –, machen ihn letztendlich zu einem Geistesverwandten der Romantik. Seine unzähligen

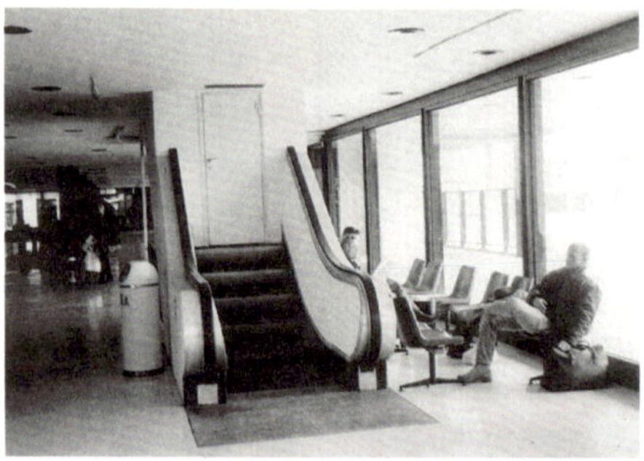
118

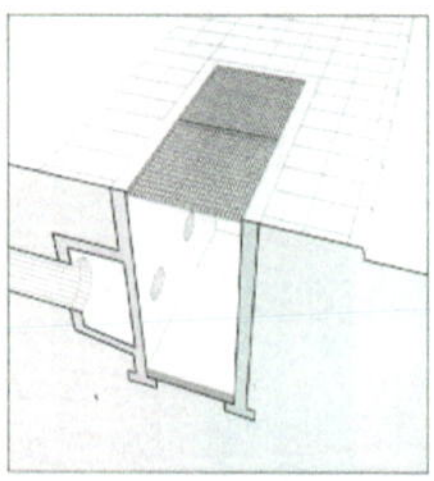
119

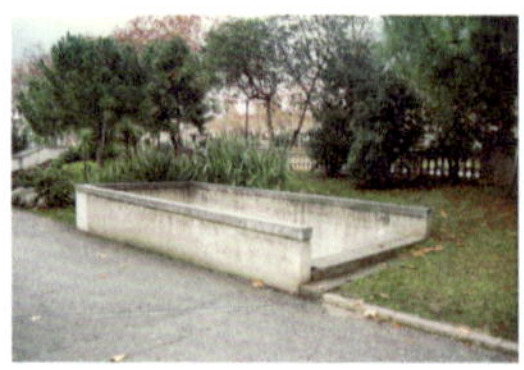
120

„Irrsinns-Pläne“, für deren Realisierung es den Glauben an die Wirkmacht der Fantasie benötigt, haben ihren historischen Nährboden in der romantischen Aufwertung des Irrationalen gegenüber der Ratio.

Kippenberger sperrte das Konzept vom METRO-*Net* nicht als etwas unvernünftig Utopisches im Denkraum des Künstler-Ichs ein, sondern realisierte es, trotz aller logischen Widersprüche, mit der nötigen kindlichen Begeisterung. Susanne Kippenberger schreibt in diesem Zusammenhang über ihren Bruder: „Martin hat alles gestaltet [...] allem seinen Stempel aufgedrückt. ‚Die Kippenbergisierung der Welt‘ nennt Walter Grond das.“[57] Diese Charaktereigenschaft, die unverkennbar Novalis' berühmtes Postulat von der „Romantisierung der Welt“ in sich trägt, lässt sich bruchlos auf August Wilhelm Schlegels Bild vom kreativen Menschen übertragen: „Der Mensch schafft sich aber seine Welt immer selbst, und da der Anfang der Poesie mit der ersten Regung des menschlichen Daseins zusammenfällt, so ist auch jenes, philosophisch verstanden, buchstäblich wahr.“[58] Was Novalis und Schlegel in ihren kunstphilosophischen Betrachtungen theoretisch begründen, setzt Kippenberger in die Tat um. Er verwirklicht sein eigenes U-Bahn-Netz. Er lebt in seinem sozialen Mikrokosmos die Idee des Schriftstellers, Schauspielers, Büroleiters, Museumsdirektors.[59] Vom Ich ausgehend die Welt auf poetische Weise gestalten – diese Kippenberger'sche Lebensmaxime findet ihre adäquate Voraussetzung auch im idealistischen Philosophiesystem Johann Gottlieb Fichtes wieder: „Wir haben nie eine andere Vorstellung, als die von uns selbst; unser ganzes Leben hindurch, in allen Momenten denken wir immer: Ich, Ich, Ich, und nie etwas anderes als Ich.“[60]

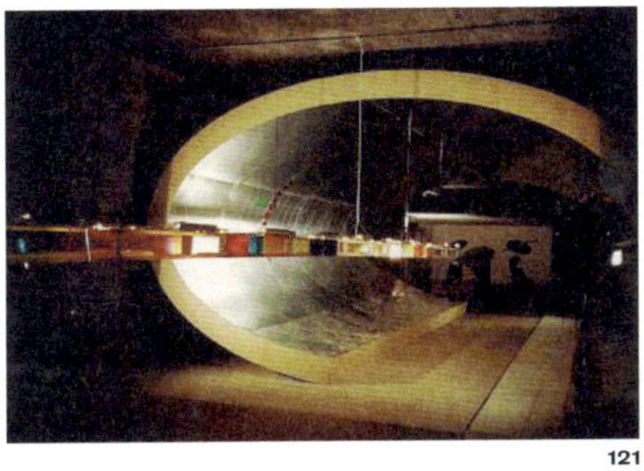

121

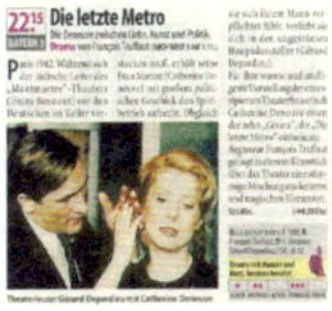

22.15 Die letzte Metro

122

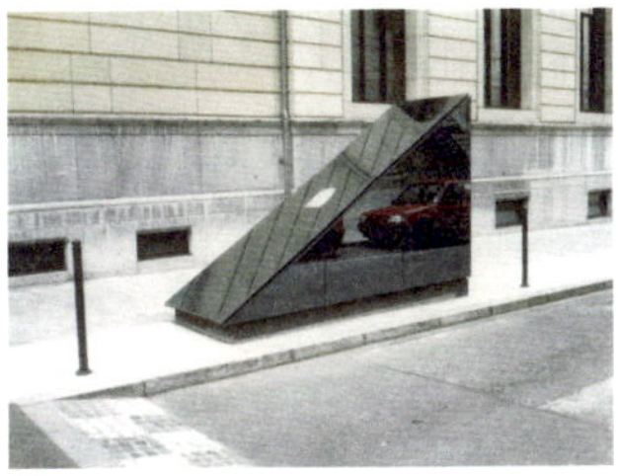

123

Kippenberger setzte durch seinen kreativen Spieltrieb – seine Leidenschaft für das Kinderkartenspiel Mau-Mau war legendär – Neues in die Welt. METRO-*Net* gehört zweifellos dazu. Es ist die spielerische Umsetzung einer romantischen Idee, die nicht an ihrer Praktikabilität als reales Transportmittel gemessen werden will.[61] „Das ganze Projekt ist nutzlos. Aber sinnlos ist es nicht." heißt es folgerichtig in einem Artikel des *ZEITmagazins.*[62] Für diese nicht „sinnlose" Seite setzte sich Kippenberger leidenschaftlich ein, indem er, um ein Maximum an Glaubwürdigkeit zu erreichen, METRO-*Net* mit einer eindrucksvollen Ernsthaftigkeit und Professionalität realisierte. Denn das Spiel wird nur dann als fantastische Ersatzwelt reizvoll, wenn die Spielregeln gewissenhaft befolgt werden, wenn Lüftungsschächte Luftwirbel von vorbeifahrenden U-Bahnen authentisch simulieren, U-Bahn-Eingänge ohne künstlerische Zutat wie ihre realen Vorbilder in Erscheinung treten, Einladungskarten, Plakate, Modelle auf einer zweiten medialen Ebene die Existenz von METRO-*Net* verifizieren. Erst dann wird die Vorstellung, dass hinter dem Logentor eine U-Bahn zwischen Syros, Dawson City oder Leipzig fahren könnte, glaubhaft. Fehlt jedoch die nötige geistige Bereitschaft mitzuspielen, bleibt METRO-*Net* ein „unsinniges Bauvorhaben", mit der Folge, dass „bloß" Außenskulpturen, die konventionelle U-Bahn-Eingänge oder Lüftungsschächte imitieren, wahrgenommen werden. Sobald man es aber als Transportmittel für „Kopfreisende" (*ZEITmagazin*) akzeptiert – ernst nimmt –, kann METRO-*Net* seine vollständige Wirkmacht als Kunstwerk entfalten, die Schlegel wie folgt charakterisiert: „Dasjenige in den Darstellungen der übrigen Künste, was uns über die gewöhnliche Wirklichkeit in

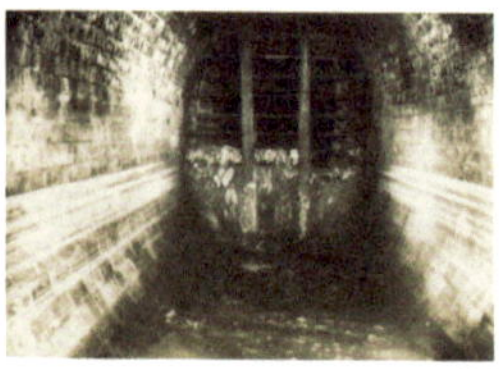
124

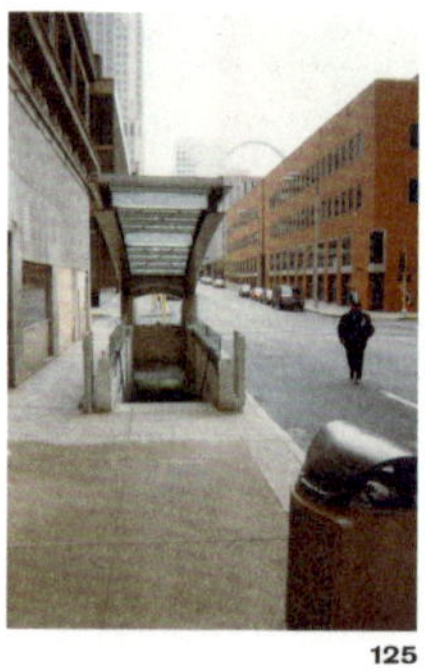
125

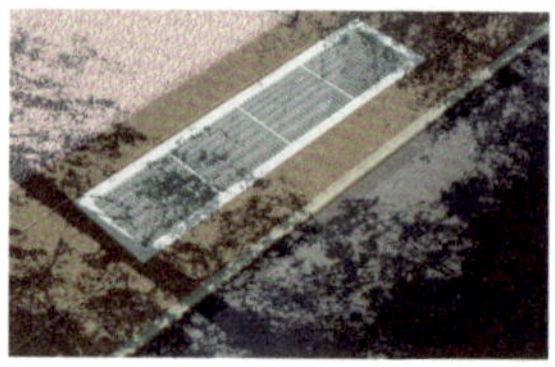
126

eine Welt der Phantasie erhebt, nennt man das Poetische in ihnen; Poesie bezeichnet also in diesem Sinne überhaupt die künstlerische Erfindung, den wunderbaren Akt".[63]

Wahrscheinlich würde man heute die Fortbewegungsmöglichkeiten des virtuellen Raumes im Internet als zeitgenössisches Ausdrucksmittel in den bildenden Künsten nutzen. Die Welt liegt als digitale Bildversion wie bei Google Earth vollständig gedoppelt vor und kann vom Wohnzimmer aus bequem per Maus bereist werden. Somit wirkt die Fantasie als Reisefahrzeug obsolet.[64] Von diesen Möglichkeiten war das Internet Mitte der 1990er Jahre, als Kippenberger METRO-*Net* konzipierte, allerdings noch weit entfernt. Seine Idee des Reisens im unbeschränkten Raum der Imagination, ausgelöst durch eine Skulptur im analogen Raum, wirkt, ob bewusst oder unbewusst, wie ein Schlusskapitel kreativer Reibung an romantischen Kunstprinzipien.[65] Mit METRO-*Net* hat er Denkräume der Romantik realisiert. Mit den Baustoffen Beton, Holz, Stahl hat er ein ins Unendliche operierendes Werkensemble geschaffen, das bereits mit seiner Wirklichkeitssetzung von drei U-Bahn-Eingängen eine globale, allumfassende Ausdehnung behauptet. Seine Freude am Denken in manierierten Verschiebungskategorien, seine grenzenlose Fantasie, die er in diesem Projekt den profanen Rahmenbedingungen des Lebens entgegensetzte, sind Ausdruck eines romantischen Weltgefühls. „Nachdem einmal diese eigentliche Welt der Phantasie erschaffen ist, ist der Einbildung keine weitere Grenze gesetzt, eben deswegen, weil innerhalb derselben alles Mögliche unmittelbar wirklich ist." (Schelling)[66]

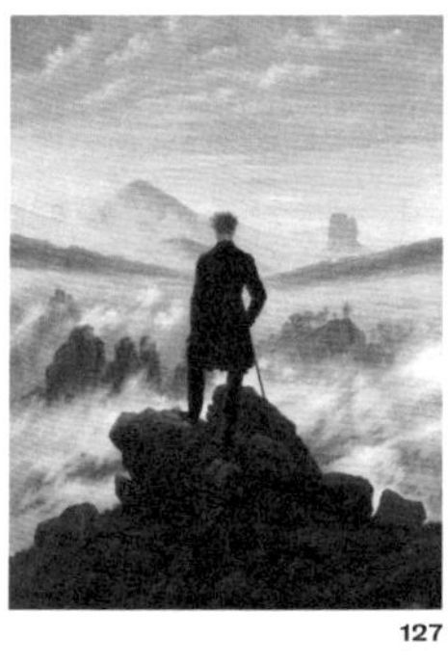

127

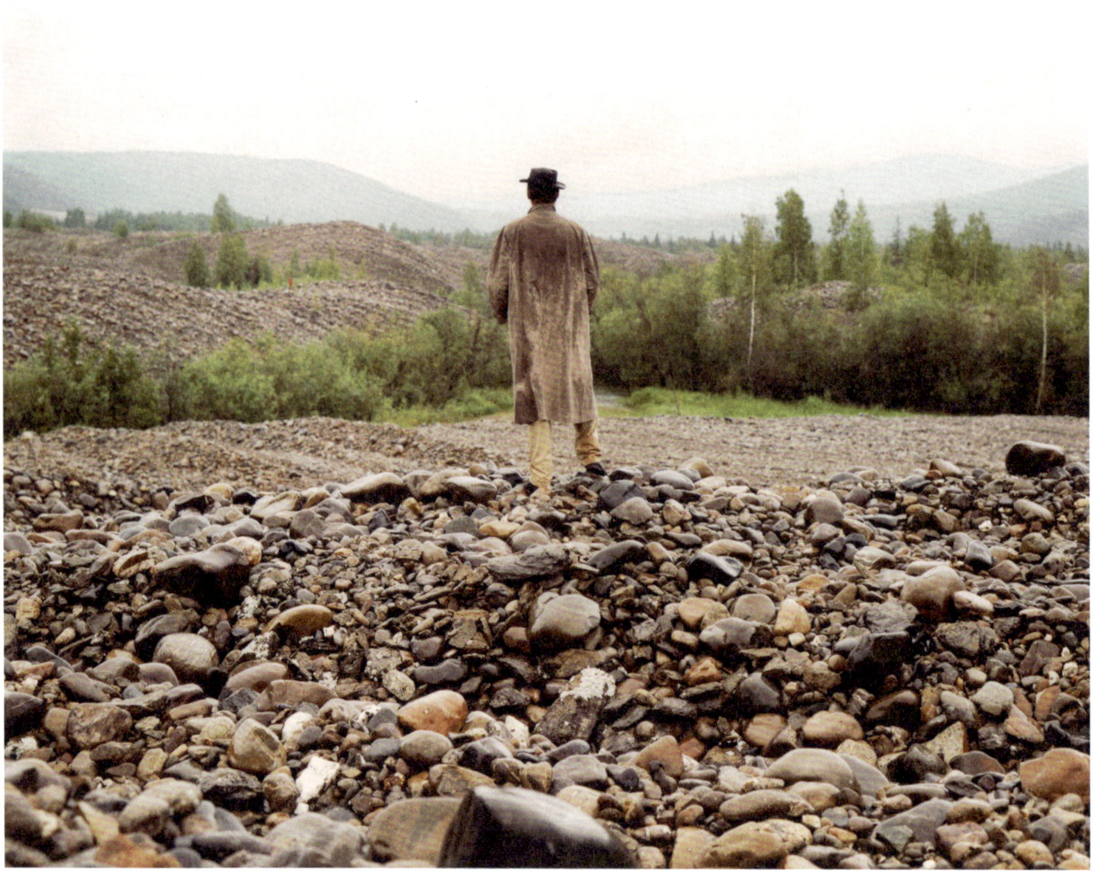

128

Abb. 127
Caspar David Friedrich: Wanderer über dem Nebelmeer, um 1817

Abb. 128
Albrecht Fuchs: Martin Kippenberger, Dawson City, 1995

Anmerkungen

1 Michel Würthle sei in diesem Zusammenhang für seine mündlichen Informationen zur Geburtstagsfeier gedankt. Vgl. Kippenberger 2010, S.443–444.
2 Zum MOMAS siehe Ohrt 1997a, S.15; Kippenberger 2010, S.442–443, 502–503; Diederichsen 2007, S.45–46, 55; Gregos 2007, S.74, 79.
3 Zu den Gründungsmitgliedern gehörten Jörg Schlick, Albert Oehlen, Max Gad und Walter Grond. Siehe Kippenberger 2010, S.332–335, Ausst.-Kat. Bonn 2019–2020, S.284.
4 Drei Ausstellungen widmeten sich bislang speziell diesem Thema aus dem Werkschaffen Kippenbergers: MAK Center for Art and Architecture, Schindler House, Los Angeles 1998 (siehe Ausst.-Kat. Los Angeles 1998), Galerie beaumontpublic & königbloc, Luxemburg 2002 (ohne Kat.) und Power Galerie, Hamburg 2013 (siehe Ausst.-Kat. Hamburg 2013).
5 Kippenberger 2010, S.438.
6 Zur Station in Syros siehe Ohrt 1997a, S.212; Bianchi 1997, S.178; Ausst.-Kat. Los Angeles 1998, S.50; Ausst.-Kat. Bonn 2019–2020, S.282–284; Diederichsen 2007, S.42–43. Vgl. ferner die Abbildungen in Kippenberger 1994, S.320–327.
7 Der Zeitpunkt der Fertigstellung geht aus einem Artikel der lokalen Zeitung hervor, siehe *The Klondike Sun*, 4.8.1994 (Nr.6), S.1.
8 Zur Station in Dawson City siehe u.a. Bianchi 1997, S.178; Ausst.-Kat. Los Angeles 1998, S.52; Ohrt 1997a, S.212–213; Kippenberger 2010, S.444; Diederichsen 2007, S.51; Fuchs verlegte 1995 eine aus neun Fotografien bestehende Edition in einer Auflage von 15+3 AP. Freundlicher Hinweis von Albrecht Fuchs.
9 Ausst.-Kat. Hamburg, 2013, o.S. – Diese Standortversetzung wurde vom Museum in Seattle allerdings nicht realisiert. Freundlicher Hinweis von Elisabeth Smith, Seattle Art Museum.
10 Siemes 1995, S.40; Gohlke 1996, S.158; Bianchi 1997, S.178; Ohrt 1997a, S.212. Vgl. Diederichsen 2007, S.46-47; Kippenberger 2010, S.445.
11 In dieser Konzeption wahrscheinlich erstmals publiziert in Bianchi 1997, S.179. Die Bezeichnung METRO-*Net* erstmals verwendet, und zwar als Künstlerzitat mit Anführungszeichen gekennzeichnet, in: Siemes 1995, S.40. Die Bezeichnung METRO-*Net* wurde für Ausstellungs- und Publikationszwecke mit mindestens zwei weiteren Zusatztiteln erweitert: „Subway Around the World“ (Bianchi 1997, S.179) und „The Last Stop West“ (Ausst.-Kat. Los Angeles 1998).
12 Freundlicher Hinweis von Johannes Wohnseifer.
13 Zu Kippenbergers Inszenierung des Künstlers als Geschäftsmann, Unternehmer und Dienstleister siehe Capitain / Jocks 2007, S.314; Schillinger 2019, S.159–176 (mit weiterführender Literatur).
14 Siemes 1995, S.40.
15 Lukas Baumewerd sei in diesem Zusammenhang für die mündlichen Informationen zur Werkgenese und technischen Konstruktion des Lüftungsschachts gedankt.
16 Die Standortwahl war nicht zufällig. Mit Droste-Hülshoff verband Kippenberger die Erinnerung, an die Familienausflüge in seiner Kindheit zum Familiensitz der Schriftstellerin, und das gemeinsame Interesse am Fruchtbarkeitssymbol Ei. Freundlicher Hinweis von Susanne Kippenberger. Vgl. Klein 2019, S.66. – Die Büste fertigte Anton Rüller 1896 an, sie wurde 1905 im Park aufgestellt.
17 Zur Aufstellung des Lüftungsschachts in Münster siehe Bianchi 1997, S.178–179; Loers 1997, S.247–51; Ohrt 1997a, S.225; Klein 1998, S.22; Ausst.-Kat. Los Angeles 1998, S.58–59, 64–65; Kippenberger 2010, S.445; Diederichsen 2007, S.51–54; Klein 2019, S.62; Ausst.-Kat. Bonn 2019–2020, 282–284.
18 Ziel war es, sämtliche Stationen mit einer solchen CD auszustatten. Freundlicher Hinweis von Lukas Baumewerd.
19 Zu den Präsentationen in Los Angeles und Venedig siehe Ausst.-Kat. Los Angeles 1998, S.58–59, 64–65; Heynen 2003, S.13–17; Hübl 2003, S.212–218.
20 Christiane Maria Schneider sei in diesem Zusammenhang für die mündlichen Informationen gedankt.
21 Vgl. *Leipziger Volkszeitung*, 31.5.1997 (Artikel: Peter Guth).
22 Zur Station in Leipzig siehe Bianchi 1997, S.170; Oetker / Schneider / v. Dannenberg 1997, S.10–11; Ausst.-Kat. Los Angeles 1998, S.54; Ohrt 1997a, S.214–215, 225; Diederichsen 2007, S.53.
23 Oetker / Schneider / v. Dannenberg 1997, S.6–7, 14.
24 Lukas Baumewerd sei in diesem Zusammenhang für die mündlichen Informationen zur Werkgenese und technischen Konstruktion des U-Bahn-Eingangs gedankt. Vgl. auch Kimpel 2015, S.174–175.
25 Zur Station in Kassel siehe Sztulman 1997, S.118; Ohrt 1997a, S.225; Ausst.-Kat. Los Angeles 1998, S.56; Diederichsen 2007, S.54.
26 Zur Ausstellung in New York siehe Prina 1998, S.16; Ausst.-Kat. Los Angeles 1998, S.60. Für weiterführende Informationen sei in diesem Zusammenhang Janelle Reiring von Metro Pictures und Lukas Baumewerd sowie Johannes Wohnseifer gedankt.
27 Kippenberger 2010, S.334–335.
28 Ebd., S.569–572.
29 Schmidt 1986, S.15, 17; Ohrt 1997a, S.13–14; Morgan 2006, S.11; Klein 2019, S.69; Ausst.-Kat. Bonn 2019–2020, S.7.
30 Gregos 2007, S.72; Schillinger 2019, S.166, 171–172, 174.
31 Zu Kippenbergers Vater siehe Kippenberger 2010, S.30–62, S.37.
32 Kippenberger richtete eine umfassende Installation mit dem Titel *Tiefes Kehlchen* ein. Siehe Diederichsen 2007, S.38; Klein 2019, S.58–59.
33 Siemes 1995, S.40; Kippenberger 2010, S.147; Ohrt 1997a, S.12; Ohrt 1997b, S.171; Ohrt 1998, S.47–49; Klein 2019, S.41.
34 Vgl. Loers 1997, S.248; Diederichsen 2007, S.41, 50, 56.
35 Kippenberger setzte sich mit diesem Film in einer weiteren Hotelzeichnung auseinander, abgebildet in: Ausst.-Kat. Los Angeles 1998, S.43.
36 Kippenberger 2010, S.20, 396 – Die beiden Filme werden erstmals genannt in: Siemes 1995, S.40; seitdem in der Literatur immer wieder als Quellen genannt: Prina 1998, S.12–14; Ohrt 1997a, S.15; Ohrt 1997b, S.168–171.
37 Vgl. u.a. *Frankfurter Allgemeine Zeitung*, 2.8.1996, S.17.
38 Siemes 1995, S.40; Gohlke 1996, S.158; Bianchi 1997, S.179; Sztulman 1997, S.118. Vgl. Heynen 2003, S.15; Kippenberger 2010, S.445; Diederichsen 2007, S.52; Klein 2019, S.62; Ausst.-Kat. Bonn 2019-2020, S.283–284.
39 Simon Lamunière sei in diesem Zusammenhang für seine mündlichen Informationen zur Funktion und zum Aufbau der Website gedankt. Vgl. *Art. Das Kunstmagazin*, Juni 1997 (Nr.6), S.50; https://www.heise.de/tp/features/The-WebSite-of-documenta-x-3442115.html.
40 Prina 1998, S.11; Morgan 2006, S.21.
41 Kippenberger 2010, S.422.
42 Zitiert nach Goethe 1996, S.13.
43 Zitiert nach Baumann 1996, S.63.
44 Zitiert nach Novalis 2006, S.8 (Vermischte Bemerkungen, Blütenstaub, Nr.53).
45 Freundlicher Hinweis von Bernd Stiegler.
46 Siehe hierzu den literaturhistorischen Überblick zu den Zimmer-Reisebeschreibungen bei Stiegler 2010 – wegweisend hierfür Bachelard 1960.
47 Vgl. Hoffmann 2007, S.65 (Die Fermate), 315 (Der Kampf der Sänger), 407 (Doge und Dogaresse), 540 (Beschluss).
48 Siehe hierzu Becker 1990, S.36, 40–41; Stiegler 2010, S.15–24.
49 Zitiert nach Xavier 2005, S.20.
50 Zitiert nach ebd., S.18.
51 Zitiert nach Kippenberger 2010, S.19; vgl. auch Capitain / Jocks 2007, S.316.
52 Kippenberger 2010, S.185.
53 Freundlicher Hinweis von Susanne Kippenberger.

54 Ausst.-Kat London / Düsseldorf 2006, S.7; Kippenberger 2006, S.56; Hammermeister 2007, S.28–29; Kippenberger 2010, S.14, 137.
55 Kippenberger 2010, S.297.
56 Zitiert nach Novalis 2006, S.16-17 (Vermischte Bemerkungen, Blütenstaub).
57 Kippenberger 2010, S.14.
58 Zitiert nach Schlegel 1974, S.103 (Poesie).
59 Kippenberger 2010, S.186.
60 Fichte 1971, S.500–501 (Zweite Einleitung in die Wissenschaftslehre).
61 Diederichsen 2007, S.54–55.
62 Siemes 1995, S.40.
63 Zitiert nach Schlegel 1974, S.95 (Poesie).
64 Vgl. Klein 2019, S.62; Stiegler 2010, S.157.
65 Vgl. Hammermeister 2007, S.28–29.
66 Zitiert nach Schelling 2010, S.184 (Philosophie der Kunst, §35).

Literaturverzeichnis

Ausst.-Kat. Bonn 2019–2020
Martin Kippenberger. Bitteschön Dankeschön, Ausst.-Kat. Kunst- und Ausstellungshalle der Bundesrepublik Deutschland 2019–2020, Köln 2019

Ausst.-Kat. Graz 2007–2008
Modell Martin Kippenberger. Utopien für Alle, hrsg. von Peter Pakesch, Ausst.-Kat. Kunsthaus Graz 2007–2008, Köln 2007

Ausst.-Kat. Hamburg 2013
Reinald Nohal. Kippenberger Underground. Dawson City, Yukon, Canada, Ausst.-Kat. Power Galerie 2013, Hamburg 2013

Ausst.-Kat London / Düsseldorf 2006
Martin Kippenberger, hrsg. von Doris Krystof und Jessica Morgan, Ausst.-Kat. Tate London u. K21. Kunstsammlungen Nordrhein-Westfalen 2006, Ostfildern-Ruit 2006

Ausst.-Kat. Los Angeles 1998
Martin Kippenberger. The Last Stop West, Ausst.-Kat. MAK Center for Art and Architecture, Schindler House, Los Angeles 1998, Ostfildern-Ruit 1998

Bachelard 1960
Gaston Bachelard: Poetik des Raumes, München 1960

Baumann 1996
Daniel Baumann: Picasso vollenden (1996), in: Ausst.-Kat London / Düsseldorf 2006, S.59–65

Becker 1990
Claudia Becker: Zimmer-Kopf-Welten. Zur Motivgeschichte des Intérieurs im 19. und 20. Jahrhundert, München 1990 (Univ. Diss. Bochum 1987)

Bianchi 1997
Paolo Bianchi: Martin Kippenberger, in: Kunstforum (Atlas der Künstlerreisen), 1998, Bd.137, S.178–183

Capitain / Jocks 2007
Gisela Capitain. Kippenberger, der Müll, die Stadt und die weite Welt. Ein Gespräch mit Heinz-Norbert Jocks, in: Kunstforum (50. Biennale Venedig), 2003, Bd.166, S.310–317

Diederichsen 2007
Diedrich Diederichsen: Welteroberung. Meta-Museum und METRO-*Net*, in: Ausst.-Kat. Graz 2007–2008, S.33–56

Fichte 1971
Fichtes Werke, hrsg. von Immanuel Hermann Fichte, Bd.1, Zur theoretischen Philosophie, Berlin 1971

Goethe 1996
Johann Wolfgang Goethe: Werke, Bd.6, Romane und Novellen I, München 1996

Gohlke 1996
Gerrit Gohlke: Kabelklemme, in: BE Magazine, Oktober 1996 (Nr.4), S.158

Gregos 2007
Katerina Gregos: MOMAS. Das unwahrscheinliche Museum, in: Ausst.-Kat. Graz 2007–2008, S.67–82

Hammermeister 2007
Kai Hammermeister: Romantic Globalization. Martin Kippenberger's METRO-*Net*, in: Monatshefte, 2007, Bd.99 (Nr.1), S.22–30

Heynen 2003
Julian Heynen: Venedig 2003, in: Venedig 2003. Candida Höfer. Martin Kippenberger, hrsg. von Julian Heynen, Ausst.-Kat. La Biennale die Venezia (Deutscher Pavillon), Köln 2003, S.13–17

Hoffmann 2007
E.T.A. Hoffmann: Die Serapions-Brüder, Düsseldorf 2007

Hübl 2003
Michael Hübl: Länderbeitrag Deutschland, in: Kunstforum (50. Biennale Venedig), 2003, Bd.166, S.212–218

Kimpel 2015
Utopie documenta, hrsg. von Harald Kimpel, Wien 2015

Kippenberger 1994
Kippenberger fanden wir schon immer gut – Familie Grässlin, St. Georgen im Schwarzwald 1994

Kippenberger 2006
Susanne Kippenberger: Heimweg Highway. Oder: Vom Einfachsten nach Hause, in: Ausst.-Kat London / Düsseldorf 2006, S.49–57

Kippenberger 2010
Susanne Kippenberger: Kippenberger. Der Künstler und seine Familien, Berlin 2010

Klein 1998
Norman M. Klein: Kippenberger's Folies, in: Ausst.-Kat. Los Angeles 1998, S.22–25

Klein 2019
Susanne Klein: Kosmos Kippenberger, in: Ausst.-Kat. Bonn 2019–2020, S.27–79

Loers 1997
Veit Loers: Martin Kippenberger, in: Skulptur. Projekte in Münster, hrsg. von Klaus Bußmann, Kasper König u. Florian Matzner, Ausst.-Kat. Westfälisches Landesmuseum, Münster 1997, S.247–251

Morgan 2006
Jessica Morgan: Sankt Martin, in: Ausst.-Kat London / Düsseldorf 2006, S.11–22

Novalis 2006
Novalis: Fragmente und Studien. Die Christenheit oder Europa, hrsg. von Carl Paschek, Stuttgart 2006

Oetker / Schneider / v. Dannenberg 1997
Brigitte Oetker, Christiane Schneider, Mechthild v. Dannenberg: Einführung, in: [realisation]. Kunst in der Leipziger Messe, hrsg. von Brigitte Oetker und Christiane Schneider, Köln 1997, S.10–15

Ohrt 1997a
Roberto Ohrt: Martin Kippenberger, hrsg. von Angelika Taschen / Burkhard Riemschneider, Köln u.a. 1997

Ohrt 1997b
Roberto Ohrt: Martin Kippenberger. Einige Treppen in den Planeten, in: Oetker / Schneider / v. Dannenberg 1997, S.167–178

Ohrt 1998
Roberto Ohrt: Touch Down in the Land of Superheroes, in: Ausst.-Kat. Los Angeles 1998, S.44–49

Prina 1998
Steven Prina: Regard the Pit, in: Ausst.-Kat. Los Angeles 1998, S.10–21
Schelling 2010

F.W.J. Schelling: Texte zur Philosophie der Kunst, hrsg. von Werner Beierwaltes, Stuttgart 2010

Schillinger 2019
Jakob Schillinger: Dienstleistungsgesellschaft, in: Ausst.-Kat. Bonn 2019–2020, S.155–184

Schlegel 1974
August Wilhelm Schlegel: Über Literatur, Kunst und Geist des Zeitalters, hrsg. von Franz Finke, Stuttgart 1974

Schmidt 1986
Johann-Karl Schmidt: Kippenberger – art is not a sufficient motif, in: Martin Kippenberger. Miete, Strom, Gas, hrsg. von Wolfgang Beeth, Ausst.-Kat. Hessisches Landesmuseum Darmstadt 1986, Darmstadt 1986, S.11–21

Siemes 1995
Christof Siemes: Letzter Halt Dawson City, in: Die ZEITmagazin Special, 29.9.1995 (Nr.40), S.38–40

Stiegler 2010
Bernd Stiegler: Reisender Stillstand. Eine kleine Geschichte der Reise im und um das Zimmer herum, Frankfurt am Main 2010

Sztulman 1997
Paul Sztulman: Martin Kippenberger, in: documenta X. Short guide, Ausst.-Kat. documenta X, Kassel 1997, Ostfildern-Ruit 1998, S 118–119

Xavier 2005
Xavier de Maistre: Reise um mein Zimmer, übers. von Caroline Vollmann, Frankfurt am Main 2005

Liste der ausgestellten Kunstwerke

Abb. 13
Einladungskarte, Martin Kippenberger, Entrance to the Subway Station Lord Jim, 1993; Vorderseite: Kopie nach einem Gemälde von Chéri Samba; Offsetdruck, 14,7×10,4 cm; Johannes Wohnseifer

Abb. 17
Michel Würthle: MAU-MAU VERLUST-ZEICHNUNG NR. 13, 1992; Kugelschreiber auf Papier, 17,5×24,5 cm; Estate of Martin Kippenberger, Galerie Gisela Capitain, Cologne

Abb. 21
Martin Kippenberger: Ohne Titel (DB Intercity Hotel „Schwarzwald Express"), 1995; Filzstift auf Hotelbriefpapier, 29,5×21 cm; Estate of Martin Kippenberger, Galerie Gisela Capitain, Cologne

Abb. 25
Martin Kippenberger: Ohne Titel (Hôtel Lutétia Paris), 1994; Bleistift, Buntstift auf Hotelbriefpapier, 29,5×21 cm; Estate of Martin Kippenberger, Galerie Gisela Capitain, Cologne

Abb. 26
Martin Kippenberger: Ohne Titel (Hôtel Lutétia Paris), 1994; Bleistift, Buntstift auf Hotelbriefpapier, 21×29,5 cm; Friedrich Christian Flick Collection im Hamburger Bahnhof, Berlin

Abb. 28
Albrecht Fuchs: Martin Kippenberger, Dawson City, 1995/2020; C-Print, 36,9×44,9 cm; Albrecht Fuchs, Köln

Abb. 29
Martin Kippenberger: Ohne Titel (Hotel Robert Mayer), 1995; Kugelschreiber, Buntstift auf Hotelbriefpapier, 21×29,5 cm; Estate of Martin Kippenberger, Galerie Gisela Capitain, Cologne

Abb. 30
Martin Kippenberger: Ohne Titel (La Residencia), 1995; Kugelschreiber, Buntstift, Filzstift auf Hotelbriefpapier, 29,7×21,1 cm; Herbert Foundation, Ghent

Abb. 31
Albrecht Fuchs: Martin Kippenberger, Dawson City, 1995/2020; C-Print, 44,9×36,9 cm; Albrecht Fuchs, Köln

Abb. 32
Albrecht Fuchs: Martin Kippenberger, Dawson City, 1995/2020; C-Print, 36,9×44,9 cm; Albrecht Fuchs, Köln

Abb. 33
Martin Kippenberger: Ohne Titel (The Central Plaza Hotel, Bangkok), 1995; Kugelschreiber auf Hotelbriefpapier, 27,5×20,8 cm; Herbert Foundation, Ghent

Abb. 34
Martin Kippenberger: Ohne Titel (The Dawson City Bunkhouse), 1995; Filzstift, Kugelschreiber auf Hotelbriefpapier, 21×29,5 cm; Sammlung C.O.M.

Abb. 36
Martin Kippenberger: Ohne Titel (Copacabana Palace), 1995; Kugelschreiber auf Hotelbriefpapier, 26,5×18 cm; Estate of Martin Kippenberger, Galerie Gisela Capitain, Cologne

Abb. 37
Einladungskarte, Martin Kippenberger, Exit of the Underground Station Dawson City West, 1995; Offsetdruck, 10,5×21,1 cm; Johannes Wohnseifer

Abb. 38
Albrecht Fuchs: Martin Kippenberger, Dawson City, 1995/2020; C-Print, 44,9×36,9 cm; Albrecht Fuchs, Köln

Abb. 39
Albrecht Fuchs: Martin Kippenberger, Dawson City, 1995/2020; C-Print, 36,9×44,9 cm; Albrecht Fuchs, Köln

Abb. 40
Albrecht Fuchs: Martin Kippenberger, Dawson City, 1995/2020; C-Print, 44,9×36,9 cm; Albrecht Fuchs, Köln

Abb. 41
Albrecht Fuchs: Martin Kippenberger, Pit Bar, Dawson City, 1995/2020; C-Print, 36,9×44,9 cm; Albrecht Fuchs, Köln

Abb. 42
Albrecht Fuchs: Martin Kippenberger, Pit Bar, Dawson City, 1995/2020; C-Print, 36,9×44,9 cm; Albrecht Fuchs, Köln

Abb. 43
Albrecht Fuchs: Martin Kippenberger, Dawson City, 1995/2020; C-Print, 36,9×44,9 cm; Albrecht Fuchs, Köln

Abb. 44
Martin Kippenberger / Lukas Baumewerd: METRO-*Net*, Plakat, 1997; CAD Print, 93×58 cm; Lukas Baumewerd and Estate of Martin Kippenberger, Galerie Gisela Capitain, Cologne

Abb. 45
Martin Kippenberger / Lukas Baumewerd: METRO-*Net*, Plakat, 1995; CAD Print, 118,5×92 cm; Lukas Baumewerd and Estate of Martin Kippenberger, Galerie Gisela Capitain, Cologne

Abb. 46
Martin Kippenberger: METRO-*Net*, U-Bahn-Eingang Syros (Modell), 1998; Modellbauer: Tom Simpson; Holz, Kunststoff, Sand, Metall, Pferdehaare, 18,5 cm (hoch) × 94,6 cm (breit) × 39,4 cm (tief) / Maßstab 1:250; MAK – Museum für angewandte Kunst, Wien

Abb. 47
Martin Kippenberger: METRO-*Net*, U-Bahn-Eingang Dawson City (Modell), 1996; Modellbauer: Reinhard Knauss; Holz, 41 cm (hoch) × 105,2 cm (breit) × 41,3 cm (tief) / Maßstab 1:100; Privatsammlung, Wien

Abb. 48
Lukas Baumewerd: Martin Kippenberger, METRO-*Net*, Transportabler Lüftungsschacht, Skulptur Projekte Münster, 1997/2021; CAD Print, 42×59,4 cm / Maßstab 1:5/1:2; Lukas Baumewerd and Estate of Martin Kippenberger, Galerie Gisela Capitain, Cologne

Abb. 49
Martin Kippenberger: METRO-*Net*, Transportabler Lüftungsschacht (Modell), 1997; Modellbauer: Ralph Wrzesinsk; Metall, 12,7 cm (hoch) × 35 cm (breit) × 20 cm (tief) / Maßstab 1:200; Privatsammlung

Abb. 50
Martin Kippenberger: METRO-*Net*, U-Bahn-Eingang Leipzig (Modell), 1998; Modellbauer: Johannes Wohnseifer; Holz, Kies und Acryl, 29,3 cm (hoch) × 70,2 cm (breit) × 44,4 cm (tief) / Maßstab unbekannt; Estate of Martin Kippenberger, Galerie Gisela Capitain, Cologne

Abb. 51
Lukas Baumewerd: Martin Kippenberger, METRO-*Net*, Transportabler U-Bahn-Eingang, documenta 1997 – 2. Fassung (auf der Wiese), 1997/2021; CAD Print (Simulation), 42×59,4 cm; Lukas Baumewerd and Estate of Martin Kippenberger, Galerie Gisela Capitain, Cologne

Abb. 52
Lukas Baumewerd: Martin Kippenberger, METRO-*Net*, Transportabler U-Bahn-Eingang, documenta 1997 – 1. Fassung (schwimmend), 1997/2021; CAD Print, 42×59,4 cm / Maßstab 1:25; Lukas Baumewerd and Estate of Martin Kippenberger, Galerie Gisela Capitain, Cologne

Abb. 54
Martin Kippenberger: Ohne Titel (Relais Christine), 1995; Kugelschreiber, Buntstift, Filzstift auf Hotelbriefpapier, 29,5×20,7 cm; Herbert Foundation, Ghent

Abb. 55
Martin Kippenberger: Ohne Titel (La Residencia), 1994; Kugelschreiber, Bleistift, Buntstift auf Hotelbriefpapier, 21×29,7 cm; Thomas Borgmann, Berlin

Abb. 57
Martin Kippenberger: Ohne Titel (Metro-Lüftungsschacht), nicht datiert (um 1995/96); Kugelschreiber, Filzstift auf CAD Print, 29,7×21 cm; Herbert Foundation, Ghent

Abb. 58
Martin Kippenberger: Ohne Titel (Grundriss 1/50), 1995; Kugelschreiber auf CAD Print, 29,5×21 cm; Estate of Martin Kippenberger, Galerie Gisela Capitain, Cologne

Abb. 59
Martin Kippenberger: Ohne Titel (Hotel Astoria, Brussels), 1995; Kugelschreiber, Buntstift, Filzstift auf Hotelbriefpapier, 29,7×21 cm; Herbert Foundation, Ghent

Abb. 60
Martin Kippenberger: Ohne Titel (La Residencia), 1995; Kugelschreiber, Buntstift, Filzstift auf Hotelbriefpapier, 29,7×21 cm; Herbert Foundation, Ghent

Abb. 61
Lukas Baumewerd: Martin Kippenberger, METRO-*Net*, Transportabler Lüftungsschacht, Skulptur Projekte Münster, 1997/2021; Fotografie: Roman Mensing; CAD Print (Simulation), 42×59,4 cm; Lukas Baumewerd and Estate of Martin Kippenberger, Galerie Gisela Capitain, Cologne

Abb. 62
Lukas Baumewerd: Martin Kippenberger, METRO-*Net*, Transportabler Lüftungsschacht, Skulptur Projekte Münster, 1997/2021; Fotografie: Roman Mensing; CAD Print (Simulation), 42×59,4 cm; Lukas Baumewerd and Estate of Martin Kippenberger, Galerie Gisela Capitain, Cologne

Abb. 63
Roman Mensing: Martin Kippenberger, METRO-*Net*, Transportabler Lüftungsschacht, Skulptur Projekte Münster, 1997/2021; C-Print, 40×30 cm; artdoc.de

Abb. 64
Martin Kippenberger: Rotweine (Transportabler Lüftungsschacht für Skulptur Projekte Münster und Höhlengleichnis für Ausstellung Villa Merkel), um 1996; Kugelschreiber, Bleistift auf Weinkarte Bellini, Köln, 21×29,7 cm; Sammlung Lukas Baumewerd

Abb. 65
Lukas Baumewerd: Martin Kippenberger, METRO-*Net*, Transportabler Lüftungsschacht, Skulptur Projekte Münster, 1997/2021; CAD Print, 42×59,4 cm / Maßstab 1:10; Lukas Baumewerd and Estate of Martin Kippenberger, Galerie Gisela Capitain, Cologne

Abb. 67
Lukas Baumewerd: Martin Kippenberger, METRO-*Net*, Transportabler Lüftungsschacht, Skulptur Projekte Münster, 1997/2021; CAD Print, 42×59,4 cm / Maßstab 1:5 / 1:2; Lukas Baumewerd and Estate of Martin Kippenberger, Galerie Gisela Capitain, Cologne

Abb. 72
Albrecht Fuchs: Martin Kippenberger, METRO-*Net*, U-Bahn-Station Leipzig, Baustelle, 1997/2020; C-Print, 36,7×29,9 cm; Albrecht Fuchs, Köln

Abb. 73,79
Lukas Baumewerd: Martin Kippenberger, METRO-*Net*, U-Bahn-Eingang, Neue Messe Leipzig, 1997/2021; CAD Print, 42×59,4 cm / Maßstab 1:50; Lukas Baumewerd and Estate of Martin Kippenberger, Galerie Gisela Capitain, Cologne

Abb. 74
Albrecht Fuchs: Martin Kippenberger, METRO-*Net*, U-Bahn-Station Leipzig, Baustelle, 1997/2020; C-Print, 36,7×29,9 cm; Albrecht Fuchs, Köln

Abb. 75
Albrecht Fuchs: Martin Kippenberger, METRO-*Net*, U-Bahn-Station Leipzig, Baustelle, 1997/2020; C-Print, 29,9×36,7 cm; Albrecht Fuchs, Köln

Abb. 76
Albrecht Fuchs: Martin Kippenberger, METRO-*Net*, U-Bahn-Station Leipzig, 1997/2020; C-Print, 29,9×36,7 cm; Albrecht Fuchs, Köln

Abb. 77
Albrecht Fuchs: Martin Kippenberger, METRO-*Net*, U-Bahn-Station Leipzig, 1997/2020; C-Print, 36,7×29,9 cm; Albrecht Fuchs, Köln

Abb. 78
Albrecht Fuchs: Martin Kippenberger, METRO-*Net*, U-Bahn-Station Leipzig, 1997/2020; C-Print, 29,9×36,7 cm; Albrecht Fuchs, Köln

Abb. 80
Elfie Semotan: Martin Kippenberger, METRO-*Net*, U-Bahn-Eingang im Messepark der Leipziger Messe, 2019/2021; C-Print, 30×40 cm; Studio Semotan and Estate of Martin Kippenberger, Galerie Gisela Capitain, Cologne

Abb. 81
Elfie Semotan: Martin Kippenberger, METRO-*Net*, U-Bahn-Eingang im Messepark der Leipziger Messe, 2019/2021; C-Print, 30×40 cm; Studio Semotan and Estate of Martin Kippenberger, Galerie Gisela Capitain, Cologne

Abb. 82
Elfie Semotan: Martin Kippenberger, METRO-*Net*, U-Bahn-Eingang im Messepark der Leipziger Messe, 2019/2021; C-Print, 30×40 cm; Studio Semotan and Estate of Martin Kippenberger, Galerie Gisela Capitain, Cologne

Abb. 83
Elfie Semotan: Martin Kippenberger, METRO-*Net*, U-Bahn-Eingang im Messepark der Leipziger Messe, 2019/2021; C-Print, 30×40 cm; Studio Semotan and Estate of Martin Kippenberger, Galerie Gisela Capitain, Cologne

Abb. 85
Lukas Baumewerd: Martin Kippenberger, METRO-*Net*, Transportabler U-Bahn-Eingang, documenta 1997 – 1. Fassung (schwimmend), 1997/2021; CAD Print (Simulation), 42×59,4 cm; Lukas Baumewerd and Estate of Martin Kippenberger, Galerie Gisela Capitain, Cologne

Abb. 86
Lukas Baumewerd: Martin Kippenberger, METRO-*Net*, Transportabler U-Bahn-Eingang, documenta 1997 – 1. Fassung (schwimmend), 1997/2021; CAD Print (Simulation), 59,4×42 cm; Lukas Baumewerd and Estate of Martin Kippenberger, Galerie Gisela Capitain, Cologne

Abb. 87
Lukas Baumewerd: Martin Kippenberger, METRO-*Net*, Transportabler U-Bahn-Eingang, documenta 1997 – 1. Fassung (schwimmend), 1997/2021; CAD Print, 42×59,4 cm / Maßstab 1:25 / 1:50; Lukas Baumewerd and Estate of Martin Kippenberger, Galerie Gisela Capitain, Cologne

Abb. 88
Lukas Baumewerd: Martin Kippenberger, METRO-*Net*, Transportabler U-Bahn-Eingang, documenta 1997 – 1. Fassung (schwimmend), 1997/2021; CAD Print, 42×59,4 cm / Maßstab 1:25; Lukas Baumewerd and Estate of Martin Kippenberger, Galerie Gisela Capitain, Cologne

Abb. 89
Lukas Baumewerd: Martin Kippenberger, METRO-*Net*, Transportabler U-Bahn-Eingang, documenta 1997 – 2. Fassung (auf der Wiese), 1997/2021; CAD Print (Simulation), 42×59,4 cm; Lukas Baumewerd and Estate of Martin Kippenberger, Galerie Gisela Capitain, Cologne

Abb. 90
Werner Maschmann: Martin Kippenberger, METRO-*Net*, Transportabler U-Bahn-Eingang, documenta X, Kassel, 1997; C-Print, 30×30 cm; Privatsammlung

Abb. 91
Lukas Baumewerd: Martin Kippenberger, METRO-*Net*, Transportabler U-Bahn-Eingang, documenta 1997 – 2. Fassung (auf der Wiese), 1997/2021; CAD Print, 42×59,4 cm; Lukas Baumewerd and Estate of Martin Kippenberger, Galerie Gisela Capitain, Cologne

Abb. 105
Martin Kippenberger: Ohne Titel, 1995; Vorlage: Film Still *La Nuit américaine* von François Truffaut; Öl, Ölstifte auf Leinwand, 150×180 cm; Estate of Martin Kippenberger, Galerie Gisela Capitain, Cologne

Abb. 106
Martin Kippenberger: Ohne Titel (Intercity-Hotel, Kahler Asten / Sorel Okura, Tokyo), 1995; Vorlage: Film Still *La Nuit américaine* von François Truffaut; Filzstift auf Hotelbriefpapier, 29,7×21 cm (links) 21,2×13,8 cm (rechts); Privatsammlung

Bildnachweis

Katalog: S.23, 50: Scans nach den Originalen; S.29: Estate of Martin Kippenberger, Galerie Gisela Capitain, Cologne / Fotografie: Mareike Tochau; S.34, 39–40, 43, 48–49, 74, 77, 127–128: Estate of Martin Kippenberger, Galerie Gisela Capitain, Cologne / Fotografie: Simon Vogel, Köln; S.42, 45, 46, 51–56, 91, 93, 95–97, 100: Albrecht Fuchs, Köln; S.44, 47, 73, 76, 78–79: Herbert Foundation, Ghent / Fotografie: Yuri van der Hoeven; S.62–63, 65, 67, 70: Scans aus Ausst.-Kat. Los Angeles 1998, S.67, 68, 72, 69, 73; S.59–60, 64, 68–69, 80, 82 (unten), 82 (oben) (Fotografie: Uwe Spöring), 84, 87, 92, 98, 105–109, 111: Lukas Baumewerd and Estate of Martin Kippenberger, Galerie Gisela Capitain, Cologne; S.81: artdoc.de; S.99–101: Studio Semotan and Estate of Martin Kippenberger, Galerie Gisela Capitain, Cologne; S. 110: Werner Maschmann

Vgl.-Abb.: S.13, 15, 18–21, 25, 27, 32–33, 35: Michel Würthle Archiv, Berlin / Scans nach verschollenen Fotografien und Dokumenten; S.14, 16–17, 22, 26, 31, 41, 85, 115–122, 129–136: Estate of Martin Kippenberger, Galerie Gisela Capitain, Cologne; S.31, 36: Scans aus Kippenberger 1994, S.322; S.48 (unten): Scan aus Ausst.-Kat. Hamburg 2013, o.S.; S.75: Kramlich Collection, USA; S.83: artdoc.de; S.86: Nic Tenwiggenhorn; S. 87: Lukas Baumewerd and Estate of Martin Kippenberger, Galerie Gisela Capitain, Cologne; S.88: Kunstraum Grässlin, St. Georgen / Fotografie: Wolfgang Günzel; S.112: Tourismusbüro Zuoz; S.137: SHK / Hamburger Kunsthalle / bpk / Fotografie: Elke Walford; S.102, 138: Albrecht Fuchs, Köln

Umschlag vorne: Lukas Baumewerd: Martin Kippenberger, METRO-*Net*, Transportabler U-Bahn-Eingang, documenta 1997 (Detail), 1997/2021; hinten: Martin Kippenberger, 1979; jeweils Estate of Martin Kippenberger, Galerie Gisela Capitain, Cologne

Leihgeber

Thomas Borgmann, Berlin

Friedrich Christian Flick Collection im Hamburger Bahnhof, Berlin

Michel Würthle Archiv, Berlin

Herbert Foundation, Ghent

Albrecht Fuchs, Köln

Estate of Martin Kippenberger, Galerie Gisela Capitain, Cologne

Johannes Wohnseifer, Köln

Stiftung Galerie für Zeitgenössische Kunst Leipzig

MAK – Museum für angewandte Kunst, Wien

Studio Semotan, Wien

Sammlung C.O.M.

Sammlung Lukas Baumewerd

Privatsammlungen, Deutschland und Österreich

Dank

Daniel Baumann, Kunsthalle Zürich

Lukas Baumewerd, Köln

Gisela Capitain, Galerie Gisela Capitain, Köln

Diedrich Diederichsen, Akademie der bildenden Künste Wien

Hannah Eckstein, Kunstraum Grässlin, St. Georgen

Lisa Franzen, Lena Ipsen, Estate of Martin Kippenberger, Köln

Albrecht Fuchs, Köln

Bärbel Grässlin, Frankfurt am Main

Jochen Hempel, Leipzig

Susanne Kippenberger, Berlin

Simon Lamunière, Genf

Brigitte Oetker, Berlin

Roberto Ohrt, Hamburg

Michael Petzold, Julia Purrmann, Leipziger Messe

Janelle Reiring, Metro Pictures, New York

Christiane Maria Schneider, Köln

Elfie Semotan, Jennersdorf, Wien

Bärbel Vischer, MAK – Museum für angewandte Kunst, Wien

Johannes Wohnseifer, Köln

Michel Würthle, Berlin

Impressum

Diese Publikation erscheint anlässlich der Ausstellung

Martin Kippenberger
METRO-*Net*

20. Mai – 15. August 2021

Museum der bildenden Künste Leipzig

Herausgeber
Stadt Leipzig / Museum der bildenden Künste Leipzig, Stefan Weppelmann, Marcus Andrew Hurttig

Redaktion
Marcus Andrew Hurttig

Bildredaktion
Marcus Andrew Hurttig
Sabine Schmidt

Lektorat
Jan-Frederik Bandel

Gestaltung
Hannes Drißner
Fabian Bremer
Pascal Storz

Lithografie
Scancolor Reprostudio, Leipzig

Herstellung
Robert Stürzl

Druck und Bindung
Gutenberg Beuys Feindruckerei

Schrift
Bureau Grotesque

Papier
Munken Print White
Surbalin Seda

Erschienen im Verlag
Spector Books
Harkortstraße 10
04107 Leipzig
www.spectorbooks.com

Distribution

Deutschland / Österreich:
GVA Gemeinsame Verlagsauslieferung Göttingen GmbH & Co. KG,
www.gva-verlage.de

Schweiz:
AVA Verlagsauslieferung AG, www.ava.ch

Bibliografische Informationen der Deutschen Nationalbibliothek
Die Deutsche Nationalbibliothek verzeichnet diese Publikation in der Deutschen Nationalbibliografie; detaillierte bibliografische Daten sind im Internet über http://dnb.de abrufbar.

Erste Auflage
Printed in Germany

Spector Books
ISBN 978-3-95905-484-3

Museumsausgabe
ISBN 978-3-86060-052-8

Ausstellung

Museum der bildenden Künste Leipzig
Katharinenstraße 10
04109 Leipzig
www.mdbk.de

MdbK

Direktor
Stefan Weppelmann

Direktionssekretariat
Gabriele Pätow

Wissenschaftliche Direktionsassistenz
Katrin Klietsch

Kurator
Marcus Andrew Hurttig

Ausstellungsmanagement
Claudia Klugmann
Ulrike Milde

Restaurierung
Rüdiger Beck
Antje Hake
Sarah Storz

Technik, Aufbau
Torsten Cech
Sven Hottenrott
Karsten Hummel
Andreas Neumann
Uwe Unger

Sammlungsverwaltung
Uwe Wagner
Marko Kloss

Kunstvermittlung
Carolin Rothmund
Katrina Blach
Kirsten Huwig
Anna Jäger
Christopher Utpadel
Elisabeth Würzel

MdbK [in transit]
Sithara Weeratunga

Marketing, Presse & Event
Jörg Dittmer
Sylva Dörfer
Ulrike Otto

New Media
Romina Geppert
Maria-Luise Kunze

Digitales MdbK
Sabine Schmidt

Bibliothek
Anka-Roberta Lazarus
Angelika Glaß

Verwaltung
Anne-Kathrin Herrmann
Dajana Pappert
Janet Schirmer

Mit freundlicher Unterstützung von

Kulturstiftung des Freistaates Sachsen
SACHSEN

Gefördert durch die Kulturstiftung des Freistaates Sachsen. Diese Maßnahme wird mitfinanziert durch Steuermittel auf der Grundlage des vom Sächsischen Landtag beschlossenen Haushaltes

RAO
Rudolf-August Oetker-Stiftung

Partner

Leipziger Messe

Leipziger Verkehrsbetriebe